Ce livre appartient à:

Dieses Buch gehört:

Das Kochbuch aus dem Wallis

La cuisine en Valais

gesammelt und aufgeschrieben von

André Darbellay

Erica Birr

verlegt von

Wolfgang Hölker

ISBN: 3-88117-315-3
VVA-Nr.: 280/00315-8

Martinistrasse 2, D-4400 Münster.
Auslieferung Schweiz: Impressum Verlag AG,
Schöneggstrasse 35, CH-8953 Dietikon-Zürich.

Printed in Germany by Druckhaus Cramer, Greven.
Imprimé en Allemagne.
Buchbinderische Verarbeitung: Klemme & Bleimund, Bielefeld.
Musterschutz angemeldet beim Amtsgericht Münster.

Index / Inhalt

LONDON
HARWICH
HAAG
AMSTERDAM
ROTTERDAM
DOVER
FOLKESTONE
OSTENDE
CALAIS
ANVERS
BRUXELLES
LILLE
AMIENS
PARIS
LAON
LONGUYON
ARLON
LUXEMBOURG
METZ
NANCY
COLN
BREMEN
HAMBURG
HANNOVER
BERLIN
LEIPZIG
DRESDEN
FRANKFURT
KARLSRUHE
STUTTGART
STRASBOURG
SCHAFFHAUSEN
MULHOUSE
BASEL
ZURICH
CHAUMONT
DIJON
BELFORT
DELLE
DELÉMONT
OLTEN
BIENNE
BURGDORF
LUZERN
FRASNE
PONTARLIER
NEUCHÂTEL
BERNE
FRIBOURG
LAUSANNE
LÖTSCHBERG
SIMPLON
ARONA
MILANO
VENEZIA
NOVARA
SANTHIA
TORINO
ALESSANDRIA
GENOVA
CUNEO
NIZZA
VENTIMIGLIA
SARZANA
ROMA
PRINTED IN SWITZERLAND

Des sources du Rhône au Lac Léman

Le Valais, pays de contrastes, parfois mystérieux, souvent mal connu, pays attachant par ses coutumes et ses traditions, pays qui prend naissance aux sources du Rhône et qui s'étend jusqu'au Léman.
Le glacier du Rhône le recouvrait, il y a bien longtemps, et façonnant la vallée, il s'est retiré en son sommet. Le fleuve s'est plu à chahuter la plaine. Changeant de lit, charriant des alluvions, le Rhône devint le maître du Valais.
Au début de ce siècle, des pionniers s'attaquèrent à une tâche ardue. Ils endiguèrent le fleuve, assainirent la plaine. Celle-ci allait devenir une terre fertile, vouée à un fantastique développement agricole.
Le Valais est aujourd'hui le principal jardin de la Suisse. Asperges, fraises, carottes de printemps, tomates, framboises, abricots, pommes, poires, choux-fleurs et bien d'autres fruits et légumes y sont cultivés en abondance. Le Valais agricole ne se limite pourtant pas aux fruits et aux légumes cultivés dans la plaine du Rhône. La viticulture est le secteur le plus important de la vie agricole valaisanne. Sur une distance de 50 km, le vignoble s'étend sur les coteaux de la rive droite du Rhône. 5300 ha de vignes de différents cépages qui produisent des vins fins et harmonieux dont chaque Valaisan est fier. Fendant, Johannisberg, Arvine, Amigne, Malvoisie, Dôle, en sont les appellations les plus prestigieuses.
Au Valais des vins, des fruits et des légumes, il convient de joindre le Valais des prairies et des alpages. Ce Valais des vallées latérales où, malgré un certain développement touristique, l'agriculture est restée présente. Une agriculture de montagne, avec ses magnifiques jardins potagers . . . Des vaches, des chèvres et des moutons que les bergers conduisent des mayens à l'alpage à la recherche de l'herbe tendre, et plus haut encore dans la montagne, le gibier.
Cette diversité géographique qui conduit des sources du Rhône aux eaux calmes du Léman, du pêcheur au berger, en passant par le vigneron, a permi le développement d'une cuisine simple et variée en harmonie avec les produits locaux. Cette variété n'entre pas dans la tradition culinaire du Vieux Pays qui se limite volontiers à la préparation de potées, de mets aux pommes de terre et au fromage. Elle a véritablement pris naissance avec le développement des cultures maraîchères de la plaine du Rhône.
Cet ouvrage ne s'est pas spécialement attaché à faire connaître de vieilles recettes valaisannes. Il a plutôt été conçu comme un encouragement à mettre en valeur les produits du Valais. Ecrit par un non-professionnel de la cuisine, il n'a pas l'ambition d'être un guide précis. Il laisse une grande place au savoir de la cuisinière en lui suggérant certaines recettes sortant des sentiers battus.

André Darbellay

Vom Rhonegletscher zum Genfer See

Das Wallis ist ein Land der Gegensätze, manchmal rätselhaft, oft falsch verstanden; ein traditionsreiches und farbenprächtiges Land, das in seiner ganzen Länge von der Rhone durchquert wird, von Gletsch bis hinab nach Bouveret, wo sie in den Genfer See mündet.
Vor langer Zeit bedeckte der Rhonegletscher das ganze Wallis, und im Laufe seines Rückzuges gab er dem Rhonetal die heutige Form einer tief eingeschnittenen Furche. Die Ebene ist von der Macht des Stromes geprägt; er hat sein Flussbett oft nach seiner Willkür geändert, hat Schuttfächer und Geröllfelder geschaffen; die Rhone ist der wirkliche Meister des Wallis.
Anfangs dieses Jahrhunderts begannen die Pioniere mit einer wahrhaft schweren Aufgabe: sie bezwangen den Fluss, indem sie Dämme bauten und die Ebene urbar machten. Sie wurde zu einer fruchtbaren Erde, die der Landwirtschaft einen nie erwarteten Aufschwung brachte.

Heute ist das Wallis der bedeutendste Garten der Schweiz. Spargeln, Erdbeeren, Frühjahrsrüebli, Tomaten, Himbeeren, Aprikosen, Äpfel, Birnen, Blumenkohl und viele andere Früchte und Gemüse werden dort in reicher Fülle kultiviert. Das landwirtschaftliche Wallis beschränkt sich aber nicht lediglich auf die Früchte und Gemüse, welche in der Rhoneebene angepflanzt sind. Der Weinbau ist der wichtigste Sektor der Walliser Landwirtschaft überhaupt. Auf einer Distanz von mehr als 50 km erstreckt sich der Weinberg auf den Sonnenhängen des rechtsufrigen Rhonetales. 5.300 Hektaren Reben verschiedener Gewächse werden zu feinen, harmonischen Weinen, auf die jeder Walliser stolz ist. Fendant, Johannisberg, Arvine, Amigne, Malvoisie, Dôle sind darunter die edelsten Vertreter.
Neben dem Wallis der Früchte, der Gemüse und der Weine dürfen die Wiesen und Almen, die sich hauptsächlich in den Seitentälern befinden, nicht vergessen werden. Sie sind ein Teil der Landwirtschaft, die sich auch angesichts des immer weiter fortschreitenden Fremdenverkehrs behaupten konnte. Es handelt sich um eine Berglandwirtschaft mit ihren schön angelegten Küchengärten . . .
Da gibt es Kühe, Ziegen und Schafe, die von den Hirten auf die hochgelegenen Alpenwiesen geführt werden, wo das Gras frisch und zart ist, und noch weiter hinauf in die Bergwelt, ins Reich des Wildes. Die abwechslungsreichen geographischen Eigenheiten, welche für das ganze Rhonetal bezeichnend sind und den Fluss von seinem Urquell bis in die ruhigen Gewässer des Genfer Sees begleiten, führen uns über die Fischer und Hirten zu den Winzern. Es sind denn auch gerade diese von der Natur bedingten Unterschiede, die dazu geführt haben, dass eine einfache, aber nie eintönige Küche in voller Übereinstimmung mit den je nach Saison verfügbaren Erzeugnissen des Bodens entwickelt werden konnte.
Die Vielfältigkeit ist zwar nicht in der traditionellen Küche des »Vieux Pays« zu suchen, die sich gerne auf die Zubereitung von Eintöpfen, Kartoffel- oder Käsegerichten beschränkt. Nein, sie hat ihren Ursprung im Aufschwung des Gemüseanbaus in der Rhoneebene.

Dieses Büchlein ist nicht nur zu dem Zweck geschrieben worden, alte Walliser Rezepte bekannt zu machen. Vielmehr hat es zum Ziel, die landwirtschaftlichen Erzeugnisse des Walliser Bodens in den Vordergrund zu stellen. Die Verfasser sind selber keine Vertreter der professionellen Kochkunst, und es liegt ihnen deshalb fern, in die Rolle eines kulinarischen Führers zu schlüpfen. So bleibt also vieles dem Können der Köchinnen und Köche überlassen. Im Ausprobieren der vorgeschlagenen Gerichte, mit etwas schöpferischem Geist und Phantasie wird es Ihnen sicher Freude bereiten, einige Rezepte kennen zu lernen, die vom üblichen Pfade abweichen.

Erika Birr

fig. 1 La ronde des soupes

Die Suppen-Runde

Sion

Même si de nos jours, les habitudes alimentaires ont considérablement changé, la soupe est un plat qui s'inscrit véritablement dans la tradition culinaire valaisanne. Il n'y a pas si longtemps, la population du Valais était essentiellement agricole vivant pratiquement en autharcie dans les vallées reculées. La soupe constituait alors durant certaines périodes de l'année l'essentiel de l'alimentation.
On appelait tout d'abord »Soupes« ces croûtons de pain rassis qu'on mouillait avec du bouillon pour les ramollir. Ces soupes étaient épaisses, le pain y faisait office de liant. Elles constituaient souvent le plat principal, sinon le plat unique d'un repas en s'accompagnant du fromage qui ne manquait jamais. On retrouve dans plusieurs régions du Valais de telles recettes qui ne sont pas sans rappeler la »soupe au plat« qui se prépare encore dans le val d'Illiez comme une authentique spécialité de la région.

La soupe au plat

Faire fondre au beurre dans une poêle couverte une grande quantité d'oignons sans leur faire prendre couleur. Dans un récipient plat, susceptible d'aller au four et qui peut avoir la forme d'une cocotte basse ou d'un caquelon à fondue, accumuler en couches superposées une rangée d'oignons, une rangée de pain rassis coupé en tranches d'un centimètre environ, puis une couche de fromage râpé, en choisissant de préférence un fromage d'alpage sec. Continuer cet entassement en couches successives jusqu'à arriver au haut du récipient et en terminant, bien entendu par une couche de fromage. Verser sur le tout un bon bouillon en appuyant à la louche pour imprégner la masse comme on ferait avec une éponge. Au moment où l'ensemble est imprégné et où le bouillon surnage légèrement, passer le plat au four, couvert dans une première phase, découvert dans une seconde pour gratiner la surface. Ce plat doit avoir une consistance épaisse.

Les soupes aux légumes font également partie intégrante de la cuisine valaisanne. Préparées avec des pommes de terre, des poireaux, des carottes, des fèves et des choux . . ., elles permettaient à chacun de se nourrir chaudement durant le long hiver.
Les potées datent de l'époque de nos grands-mères qui se confiaient leurs recettes de générations en générations. Des chefs de renom ont aujourd'hui certaines d'entre elles à leur répertoire, il n'empêche que nos potées sont avant tout destinées à la table familiale, la cuisinière pouvant s'occuper à d'autres tâches pendant que légumes et viandes mijotent gentillement, emplissant la cuisine d'odeurs appétissantes.

Obwohl sich unsere Essgewohnheiten gegenüber früheren Zeiten beachtlich veränderten, hat die Suppe im Wallis auch heute noch eine kulinarische Tradition.
Vor nicht allzu langer Zeit war das Wallis fast ausschliesslich durch die Agrarwirtschaft geprägt, und seine Bevölkerung lebte in den kleinen Seitentälern in völliger Unabhängigkeit. In gewissen Jahreszeiten stellte die Suppe die Hauptmahlzeit dar. Zuerst verstand man unter dem Begriff »Suppe« jenes altbackene Rostbrot, das man mit Bouillon übergoss, damit es etwas weicher wurde. Es handelte sich um dicke Suppen, durch das Brot gebunden. Nicht selten stellten sie den Hauptgang der Mahlzeit dar, waren hingegen immer von Käse begleitet. In verschiedenen Regionen des Wallis findet man Rezepte für diese »Backofensuppe«, welche sich beispielsweise im Val d'Illiez noch heute gemäss einer alten Tradition als Spezialität der Region bewährt hat.

Backofensuppe

Man lässt in einer zugedeckten Pfanne eine stattliche Anzahl Zwiebeln in Butter glasig, aber nicht braun werden. In einem flachen, feuerfesten Gefäss, z. B. in einem niedrigen Schmortopf oder in einer Fonduepfanne, stapelt man in übereinanderliegenden Schichten eine Lage Zwiebeln, eine Lage altbackene, etwa 1 cm dick geschnittene Brotscheiben, dann eine Lage geriebenen Käse. Man schichtet fast bis zum Topfrand an und beendet mit einer Lage Käse. Das Ganze wird mit einer Fleischbrühe übergossen, und man drückt mit der Kelle an, um die Masse gut zu durchtränken; dann schiebt man den zugedeckten Topf in den Ofen. Am Ende des Backvorgangs entfernt man den Deckel und lässt das Ganze noch etwas überbacken. Das Gericht soll dickflüssig sein.

Auch die Gemüsesuppen sind ein fester Bestandteil der Walliser Küche. Ob mit Kartoffeln, Lauch, Rüebli, Saubohnen oder Kohl zubereitet...; sie gaben jedermann die Möglichkeit, während des harten Winters eine warme Nahrung zu sich zu nehmen.
Die Eintopfgerichte stammen ebenfalls von unseren Vorfahren; die Rezepte wurden jeweils von Generation zu Generation weitergegeben. Wenn auch einige grosse und berühmte Küchenchefs heute solche Eintopfgerichte auf ihre Spezialitätenliste setzen, so sind sie doch eher für den Familientisch gedacht. Die Hausfrau kann sich während der Zeit, in der Gemüse und Fleisch kochen und ihr appetitanregendes Aroma über die Küche ausbreiten, anderen Arbeiten widmen.

La crème d'asperges

300 g d'asperges, eau de cuisson des asperges, 1 cuillerée à soupe de beurre, 1 cuillerée à soupe de farine, 1 dl de crème fraîche, persil haché.

Faire cuire les asperges bien épluchées dans de l'eau salée (environ 30 minutes). Faire un roux avec le beurre et la farine. Mouiller avec l'eau de cuisson des asperges, en fouettant bien fort. Réserver les pointes d'asperge et les émincer. Passer le reste à la moulinette très fine, les incorporer au velouté et ajouter la crème fraîche. Verser le tout dans une soupière et garnir de persil haché et des pointes d'asperge émincées.

Spargelcreme

300 g Spargeln, Kochsud, 1 Esslöffel Butter, 1 Esslöffel Mehl, 1 dl frischer Rahm, gehackte Petersilie.

Die gut gewaschenen und geschälten Spargeln in Salzwasser ca. 30 Minuten kochen. Von Butter und Mehl eine Schwitze bereiten. Mit dem Kochsud der Spargeln unter heftigem Umrühren mit dem Schneebesen ablöschen. Die Spargelspitzen beiseite legen und in Scheiben schneiden. Den Rest durch das Passe-Vite treiben, in die samtige Masse einziehen und frischen Rahm beifügen. Das Ganze in eine Suppenschüssel geben und mit gehackter Petersilie und den in Scheiben geschnittenen Spargelspitzen garnieren.

La soupe à la tomate

Tomates bien mûres, bouillon, crème fraîche, lard fumé, oignon, farine, quelques feuilles de basilic, ciboulette.

Faire suer au beurre l'oignon et le lard débité en petits carrelets. Ajouter la farine pour faire un roux. Mouiller avec le bouillon en fouettant afin d'éviter les grumeaux. Laisser cuire 15 minutes. Par ailleurs, éplucher, épépiner et concasser 1 grosse tomate bien mûre par personne. Cuire ces tomates 10 minutes dans le bouillon.
Passer le potage à la moulinette, ajouter la crème fraîche et rectifier l'assaisonnement. Verser dans une soupière, saupoudrer de la ciboulette et du basilic hachés.

Tomatensuppe

Schöne reife Tomaten, Bouillon, frischer Rahm, geräucherter Speck, Zwiebel, Mehl, einige Basilikumblätter, Schnittlauch.

Die Zwiebel und den kleinwürfelig geschnittenen Speck in Butter andämpfen. Das Mehl dazugeben und zu einer Schwitze verarbeiten. Mit der Bouillon auffüllen, mit dem Schwingbesen umrühren, damit keine Klümpchen entstehen. 15 Minuten kochen lassen. Pro Person 1 grosse, gut ausgereifte Tomate schälen, aushöhlen, die Kerne ausdrücken und zerkleinern. 10 Minuten in der Bouillon kochen.
Die Suppe durch ein Sieb streichen, mit etwas frischem Schlagrahm abziehen, abschmecken. In einem Suppentopf anrichten, mit feingewiegtem Schnittlauch und Basilikum überstreuen.

La crème de tomate givrée

500 g de tomates, 1 oignon, 2 gousses d'ail, quelques feuilles d'estragon, 1 dl de crème, 1 yogourt nature, sauce Worcester, assaisonnement.

Ecraser les tomates, les passer au mixer avec les ingrédients pour en faire une crème onctueuse. Vérifier le goût et mettre au froid.
Garnir de ciboulette.

Tomatencreme givrée

500 g Tomaten, 1 Zwiebel, 2 Zehen Knoblauch, einige Blätter Estragon, 1 dl Rahm, 1 Yoghurt nature, Worcestersauce, Gewürze.

Die Tomaten ausdrücken, mit den restlichen Zutaten ganz fein mixen, bis es eine schöne Creme gibt. Gut abschmecken und kalt stellen.
Mit Schnittlauch garnieren.

les potages froids devraient être servis plus souvent en été.

La soupe des maraîchers

Tous les légumes disponibles (sauf les pommes de terre), lardons, oignons, tomates, beurre, farine, bouillon.

Préparer un roux brun avec 40 g de farine et 50 g de beurre. La farine doit brunir, mais il faut éviter qu'elle brûle. Ajouter les lardons débités en petits cubes et deux oignons finement hachés. Continuer à tourner pour faire prendre couleur, puis mouiller de 2 l de bouillon. Incorporer dès le début de la cuisson 1 ou 2 tomates, de façon à ce qu'elles puissent fondre dans le liquide. On commencera ensuite par les légumes secs, tels fèves, haricots blancs, flageolets. Les autres légumes: poireaux, céleris, raves, navets, choux, choux-fleurs, carottes etc., seront finement émincés et incorporés en fonction du temps de cuisson qui leur est nécessaire.

Gemüsebauernsuppe

Alle verfügbaren Gemüse (mit Ausnahme von Kartoffeln), Speckwürfel, Zwiebeln, Tomaten, Butter, Mehl, Bouillon.

Von 40 g Mehl und 50 g Butter eine braune Schwitze zubereiten. Das Mehl anbräunen, aber nicht anbrennen lassen. Die Speckwürfel und zwei feingewiegte Zwiebeln hinzugeben. Umrühren, bis alles Farbe annimmt, dann mit 2 l Bouillon ablöschen. Sobald die Flüssigkeit zum Kochen kommt, kann man mit der Beigabe der Gemüse beginnen. Es werden gewisse Zeitabstände beachtet, je nach der nötigen Garzeit. Man beginnt mit den Dörrgemüsen: Saubohnenkerne, grosse oder kleine weisse Bohnen, Soissons. Sofort zu Beginn des Kochvorgangs gibt man auch 1 oder 2 Tomaten hinzu, so dass sie in der Flüssigkeit zerschmelzen. Die anderen Gemüse wie Lauch, Sellerie, Kohlrabi, Steckrüben, Kohl, Blumenkohl, Rüebli usw. werden fein geschnetzelt oder in kleine Würfel geschnitten; man fügt sie nach und nach, je nach Garzeit bei.

La soupe des bergers

Ail, oseille, épinards sauvages, jeunes feuilles d'orties, farine, lardons, bouillon, lait, 1 poignée de riz, pommes de terre, épices.

Cueillir les herbes sauvages. Par ailleurs, dans une casserole, faire revenir au beurre les lardons et y incorporer les herbes sauvages hachées menu. Fariner légèrement et mouiller moitié de bouillon, moitié de lait. Saler et poivrer. Ajouter quelques pommes de terre, râpées grossièrement. Lorsque les pommes de terre sont pratiquement cuites, ajouter le riz et poursuivre la cuisson pour encore environ 20 à 30 minutes.

La soupe valaisanne

Pommes de terre épluchées, choux-fleurs, poireaux, carottes, céleris, navets, raves, oignons, beurre, bouillon, lardons, crème fraîche, herbes aromatiques.

Couper les pommes de terre en dés et les autres légumes en paysanne, à l'exception du chou-fleur qui sera détaillé en petits bouquets. Dans une casserole, faire suer le tout au beurre. Mouiller avec du bouillon et laisser cuire 40 à 50 minutes. Par ailleurs, faire rissoler des lardons et y incorporer crème fraîche et fines herbes. Dans une soupière, verser potage sur crème. Rectifier l'assaisonnement et servir avec un fromage valaisan râpé.

ici le poireau fait comme toujours bon ménage avec l'oignon et le céleri

Hirtensuppe

Knoblauch, Sauerampfer, wilder Spinat, junge Brennesselblätter, Mehl, Speckwürfel, Bouillon, Milch, 1 Handvoll Reis, Kartoffeln, Gewürze.

Die wildwachsenden Pflanzen pflücken. In einem Topf die Speckwürfel in Butter andämpfen und die feingehackten Naturkräuter darunter mischen. Leicht mit Mehl bestäuben und zu gleichen Teilen mit Bouillon und Milch ablöschen. Salzen und pfeffern. Einige grobgeraffelte Kartoffeln beifügen. Wenn die Kartoffeln fast gar sind, den Reis beigeben und noch ungefähr 20 bis 30 Minuten weiter kochen.

Walliser Suppe

Geschälte Kartoffeln, Blumenkohl, Lauch, Rüebli, Sellerie, Rüben, Steckrüben, Zwiebeln, Butter, Bouillon, Speckwürfel, frischer Rahm, aromatische Kräuter.

Die Kartoffeln sowie die übrigen Gemüse – mit Ausnahme des Blumenkohls, der in kleine Röschen zerteilt wird – in kleine Würfel schneiden. In einem Schmortopf das Ganze in Butter zu einer Schwitze verarbeiten. Mit der Bouillon ablöschen und 40 bis 50 Minuten kochen lassen. Die Speckwürfel goldbraun braten. Den frischen Rahm und die aromatischen Kräuter unterziehen. Diese Creme in eine Suppenschüssel geben, darauf die Suppe anrichten. Abschmecken und mit geriebenem Walliser Käse servieren.

La soupe au fromage

Pain, beurre, fromage râpé, oignons, tomates, bouillon.

Couper et faire griller des tranches de pain, les beurrer, les saupoudrer généreusement de fromage râpé, si possible un fromage assez sec. Faire revenir les oignons en tranches minces.
Dans une soupière allant au four, placer une couche de tartines, une couche d'oignons, une nouvelle couche de tartines que vous couvrez de tomates pelées, épépinées et concassées. Terminer avec les oignons, un peu de tomate et du fromage râpé. Prendre un entonnoir, l'enfoncer jusqu'au fond de la soupière et verser doucement le bouillon de façon à ce qu'il effleure la surface. Mettre sur le feu sans couvrir, laisser mijoter une demi-heure puis mettre au four pendant une bonne heure en ayant pris soin de compléter au moyen de l'entonnoir le bouillon qui s'évapore.

Cette soupe était très souvent préparée par les bergers dans les alpages

La soupe des députés

300 g de carottes, 200 g de blanc de poireaux, 200 g de céleris pomme, 100 g d'oignons, 500 g de boeuf salé, 800 g d'asperges fraiches, 150 g de beurre, 70 g de farine, 1 dl de crème, 2,5 l de fond blanc

Eplucher, laver et couper les légumes en fine brunoise, fondre le beurre dans la casserole et faire re-

Käsesuppe

Brot, Butter, geriebener Käse, Zwiebeln, Tomaten, Bouillon.

Das Brot in Scheiben schneiden und grillieren; buttern und grosszügig mit geriebenem Käse bestreuen (wenn möglich mit einem ziemlich trockenen Käse). Die Zwiebeln in feine Scheiben schneiden und langsam in der Butter glasig werden lassen.
In einen feuerfesten Suppentopf eine Schicht Brotscheiben legen, dann eine Schicht Zwiebeln, gefolgt von einer weiteren Lage Brotscheiben, diesmal mit geschälten, entkernten und zerdrückten Tomaten bedeckt. Das Ende bildet eine Schicht Zwiebeln mit ein wenig Tomaten und etwas geriebenem Käse. Einen Trichter bis fast ganz an den Topfboden drücken und die Bouillon langsam darüber giessen, bis die ganze Oberfläche leicht zugedeckt ist. Ohne Deckel auf das Feuer geben und 30 Minuten langsam kochen lassen, darauf für 60 Minuten in den Ofen schieben, nachdem man mit Hilfe des Trichters die verdampfte Flüssigkeit durch Zugabe von etwas Bouillon ersetzt hat.

Grossratssuppe

300 g Rüebli, 200 g Lauch (das Weisse), 200 g Knollensellerie, 100 g Zwiebeln, 500 g Rindfleisch (gesalzen), 800 g frische Spargeln, 150 g Butter, 70 g Mehl, 1 dl Rahm, 2,5 l weisser Fond.

Die Gemüse schälen, waschen und in kleine Stückchen schneiden. Die Butter in der Pfanne zergehen las-

venir les oignons hachés. Ajouter les carottes, les poireaux et les céleris. Couvrir et laisser quelques instants le tout à petit feu. Singer avec la farine et mouiller au fond blanc. Mettre le boeuf salé coupé en gros dés et cuire environ 60 minutes. Ajouter les pointes d'asperges 20 minutes avant de servir. Mettre la crème et parsemer de ciboulette au dernier moment.

sen und die gehackten Zwiebeln dämpfen. Rüebli, Lauch und Sellerie beifügen. Zugedeckt kurz auf kleinem Feuer kochen. Mit dem Mehl bestreuen und mit dem weissen Fond ablöschen. Das in grosse Würfel geschnittene Rindfleisch zugeben und ca. 60 Minuten kochen. Die Spargelspitzen 20 Minuten vor dem Servieren beifügen. Ganz zuletzt den Rahm zugeben und Schnittlauch darüber streuen.

Die Grossratsuppe wird den Walliser Parlamentsmitgliedern jedes Jahr während der Frühlingssession serviert.

La potée Tourbillon

1½ kg de poitrine de veau, lard frais, 2 oignons, 3 carottes en rondelles, 1 chou-rave en dés, ½ celeri en bâtonnets, ½ chou-fleur en bouquets, 2 pommes de terre en lamelles, 6 tomates, huile, farine, bouillon, Johannisberg, sel, poivre, estragon, thym, romarin, bolets frais ou séchés.

Couper la poitrine de veau et le lard en menus morceaux. Dans une cocotte, chauffer quatre cuillerées à soupe d'huile, y mettre à rôtir la viande et les oignons émincés. Lorsque les oignons commencent à dorer, assaisonner et saupoudrer de farine. Remuer, ajouter les tomates pelées et épépinées. Remuer, mouiller de Johannisberg. Laisser cuire à feu doux, couvert pendant 75 minutes en ajoutant régulièrement du bouillon. A mi-cuisson, ajouter les bolets et contrôler le bouillon. Par ailleurs, faire revenir très brièvement dans de l'huile les légumes préalablement préparés, les ajouter à la viande 30 minutes avant la fin de la cuisson. Surveiller la cuisson des légumes, ils ne doivent pas être trop cuits.
Dresser dans un plat creux en disposant la viande au milieu des légumes.

les potées reviennent à la mode comme plat unique

Eintopf Tourbillon

1½ kg Kalbsbrust, frischer Speck, 2 Zwiebeln, 3 in Rädchen geschnittene Rüebli, 1 in Würfel geschnittener Kohlrabi, ½ Sellerie (in kleine Stücke geschnitten), ½ Blumenkohl (in Röschen aufgeteilt), 2 Kartoffeln (in Streifen geschnitten), 6 Tomaten, Öl, Mehl, Bouillon, Johannisberg, Salz, Pfeffer, Estragon, Thymian, Rosmarin, frische oder gedörrte Steinpilze.

Die Kalbsbrust und den Speck in kleine Stücke schneiden. In einem Topf 4 Suppenlöffel Öl erwärmen, das Fleisch und die gehackten Zwiebeln darin anbraten. Wenn die Zwiebeln Farbe nehmen, würzen und mit Mehl bestäuben. Umrühren und die geschälten und entkernten Tomaten beifügen. Wieder umrühren und mit dem Johannisberg ablöschen. Bei schwachem Feuer zugedeckt 75 Minuten kochen; regelmässig Bouillon nachgiessen. Nach ca. 40 Minuten die Steinpilze hinzufügen und mit der Bouillon abschmecken. In der Zwischenzeit die vorbereiteten Gemüse im Öl kurz dämpfen und 30 Minuten vor Ende der Kochzeit in den Eintopf geben. Die Gemüse überwachen; sie dürfen nicht zu weich gekocht sein.
In einer tiefen Platte anrichten, das Fleisch in der Mitte, umgeben von den Gemüsen.

La potée valaisanne

Côte plate, boeuf salé, langues de boeuf et de porc, poireaux, carottes, navets, choux-raves, céleri-pomme, oignons, feuilles de laurier, clous de girofle, Fendant, eau, choux blancs, jambon fumé, lard fumé, saucissons, saucisses à l'ail, poires à cuire.

Faire un pot-au-feu avec un bon morceau de côte plate et un morceau de boeuf salé avec une quantité de légumes, tels poireaux, carottes, navets, choux-raves, céleri-pomme, oignons cloutés de girofle et de feuilles de laurier. Dessaler une langue de boeuf et quelques langues de porc à l'eau courante et les ajouter à la cuisson. Par ailleurs, dans une autre grande marmite, faire revenir quelques oignons émincés, braiser des choux-blancs. Mouiller d'un peu de Fendant et couvrir d'eau. Dans cette cuisson introduire du jambon et du lard fumé. Adjoindre également en fin de cuisson saucissons et saucisses. Dans une troisième casserole, préparer des poires à cuire. Les sucrer légèrement et les mouiller jusqu'à la hauteur de la queue avec un mélange de Fendant et d'eau. Les poires seront cuites lorsque l'eau aura disparu et qu'elles seront légèrement caramélisées.

Walliser Eintopf (Pot-au-feu)

Mageres Siedfleisch, gesalzenes Rindfleisch, Rinds- und Schweinszüngli, Lauch, Rüebli, Steckrüben, Kohlrabi, Selleriestangen, Zwiebeln, Lorbeerblätter, Gewürznelken, Fendant, Wasser, Weisskabis, geräucherter Schinken, Räucherspeck, Würste, Knoblauchwürstchen, Kochbirnen.

Mit einem schönen Stück magerem Siedfleisch und einem Stück gesalzenem Rindfleisch, den Gemüsen (Lauch, Rüebli, Steckrüben, Kohlrabi, Selleriestangen), den gespickten Zwiebeln und den Lorbeerblättern einen Eintopf zubereiten. Falls die Züngli gesalzen sind, sollten sie separat in klarem Wasser gegart und erst dann dem Eintopf beigegeben werden. In einem grossen Topf einige gehackte Zwiebeln dämpfen, den Weisskabis schmoren. Mit ein wenig Fendant ablöschen und mit Wasser aufgiessen. Nun den geräucherten Schinken und Speck beifügen. Gegen Ende der Kochzeit noch die Würste hinzugeben. In einem dritten Topf werden die Kochbirnen vorbereitet. Sie werden mit etwas Zucker gesüsst und bis zur Höhe der Stiele mit einer Fendant-Wassermischung begossen. Kochen, bis die Flüssigkeit reduziert ist und die Birnen leicht karamelisieren.

Die Köchinnen füllten ihre Eintöpfe mit allen je nach Saison verfügbaren Gemüsen und Fleischstücken an.

La potée de mouton ou d'agneau

Epaule d'agneau ou de mouton, blancs de poireau, carottes, céleri-pomme, chou-rave, tomates, oignons, Fendant, bouillon, beurre, huile, farine, laurier, thym, estragon, sel, poivre.

Débiter la viande comme pour un ragoût. La faire mariner pendant 2 heures dans le vin. Tronçonner les blancs de poireau sans les fendre afin qu'ils restent entier pendant la cuisson. Couper les carottes et tous les autres légumes en gros dés. Bien égouter la viande, la faire dorer à la poêle avec un peu d'huile, réserver. Par ailleurs, dans une cocotte, faire revenir l'oignon émincé dans du beurre, y placer la viande, fariner légèrement, adjoindre les tomates concassées et mouiller avec le Fendant de la marinade. Ajouter les herbes aromatiques, puis les autres légumes. Compléter le mouillage avec un peu de bouillon. Saler, poivrer et laisser cuire pendant 60 minutes.

Eintopf mit Schaf- oder Lammfleisch

Lamm- oder Schaffleisch (Schulter), weisse Lauchstangen, Rüebli, Sellerie, Kohlrabi, Tomaten, Zwiebeln, Fendant, Bouillon, Butter, Öl, Mehl, Lorbeer, Thymian, Estragon, Salz, Pfeffer.

Das in kleine Würfel geschnittene Fleisch während 2 Stunden in dem Wein marinieren. Die weissen Lauchstangen sorgfältig in 2 cm lange Stücke schneiden. Rüebli und das übrige Gemüse in kleine Würfel schneiden. Das Fleisch abtrocknen und in einer Pfanne in etwas Öl gut anbraten, vom Feuer nehmen. In einem Schmortopf die gehackten Zwiebeln in Butter dünsten, das Fleisch beigeben und leicht mit Mehl überstäuben. Die geschälten, in kleine Würfel geschnittenen Tomaten hinzufügen und mit der Fendantmarinade übergiessen. Die aromatischen Kräuter darüber streuen, dann die restlichen Gemüse dazugeben. Mit etwas Bouillon aufgiessen. Salzen, pfeffern und alles 60 Minuten kochen.

Le Tsarfion

Carré de porc fumé, lard salé, lard fumé, chair à saucisse de porc, gros chou blanc, farine, oeufs, Fendant, sel, poivre, thym.

Cuire sur feu doux, lard salé, lard fumé (75 minutes) et carré de porc (50 minutes). Par ailleurs, faire une farce avec la chair à saucisse de

Tsarfion

Geräuchertes Schweinskarree, Speck (gesalzen), Speck (geräuchert), Schweinsbratwurst, 1 grosser Weisskohl, Mehl, Eier, Fendant, Salz, Pfeffer, Thymian.

Den gesalzenen und geräucherten Speck auf kleinem Feuer 75 Minuten, das Schweinskarree 50 Minu-

porc, la farine, le vin, les oeufs et les épices. Blanchir le chou blanc, enlever le coeur et le remplir de farce. Emballer le chou farci dans un linge et mettre à cuire avec la viande (50 minutes). Dresser dans un plat et garnir de la viande.

Le Gsottus

Viandes séchées de boeuf, de porc, de chèvre et de mouton, saucisses séchées, vin blanc, eau, bouquet garni, pommes de terre, riz, choux.

Les viandes les plus dures seront mises à tremper 2 ou 3 jours à l'eau courante. Cuire ces viandes dans une grande marmite avec un bon bouquet garni et un peu de vin blanc. Les retirer au fur et à mesure qu'elles sont cuites. Une fois les viandes retirées, cuire dans le bouillon quelques poignées de riz et des pommes de terre coupées en gros cubes. Par ailleurs, braiser des choux, puis les faire cuire dans un bouillon, très longtemps, jusqu'à ce qu'ils soient en purée. Mettre à cuire quelques pièces de viande avec les choux de façon à les parfumer. Servir d'abord un peu de bouillon qu'on aura prélevé dans la marmite avec du pain de seigle et du fromage, et ensuite toutes les viandes avec le riz mélangé aux pommes de terre et les choux.

ten kochen. Mit dem Schweinsbratwurstfleisch, dem Mehl, dem Fendant, den Eiern und den Gewürzen eine Füllung erarbeiten. Den Weisskohl blanchieren, das Herz entfernen und die Füllung hineinlegen. Den gefüllten Kohl in ein Tuch einwickeln und mit dem Fleisch kochen (50 Minuten). In einer Schüssel anrichten und mit dem Fleisch garnieren.

Das Gesottene (Gsottus)

Trockenfleisch (Rind, Schwein, Gizzi, Schaf), Trockenwurst, Weisswein, Wasser, 1 Bündel aromatische Kräuter, Kartoffeln, Reis, Kohl.

Alte Trockenfleischstücke 2 bis 3 Tage vor dem Kochen in kaltes Wasser legen. In einem grossen Kochtopf mit den Kräutern und etwas Weisswein kochen. Je nach Garzeit das Fleisch herausnehmen. Wenn alles Fleisch aus dem Topf genommen ist, in dieser Bouillon einige Handvoll Reis und in grosse Würfel geschnittene Kartoffeln kochen. Den Kohl schmoren, dann in der Bouillon so lange kochen, bis er breiig wird. Einige Fleischstücke mit dem Kohl kochen, damit dieser das Aroma annimmt. Zuerst etwas Bouillon servieren, die zuvor dem Eintopf entnommen wurde, mit Roggenbrot und Käse. Nachher folgen die übrigen Fleischstücke mit der Reis-Kartoffel-Kohlmischung.

Notes et autres recettes:
Notizen und weitere Rezepte:

Notes et autres recettes:
Notizen und weitere Rezepte:

fig. 2 Le Valais des vallées

Das Wallis der Täler

Martigny

En quittant la plaine, en remontant les nombreux affluents du Rhône, on pénètre dans des vallées plus ou moins étroites, verdoyantes ou roccailleuses. Ces vallées latérales font du Valais un incroyable pays de contrastes. Un contraste frappant d'abord entre la plaine fertile et horizontale et ces parois vertigineuses qui caractérisent la montagne. Contraste aussi entre l'encaissement de la rivière qui a creusé son lit inconfortable au fond du val et le sommet de la vallée plus généreusement ouvert.
C'est dans ces vallées, au pied des glaciers et des cimes que le Valais prend ses sources. C'est là que se cachent encore les mystères de la tradition que l'on surprend parfois au coin d'un raccard de bois où deux femmes viennent chercher la viande séchée à l'ombre des bardeaux et à l'abri des souris.

L'assiette valaisanne

Couper en fines tranches viande séchée, jambon cru et petit lard. Couper un beau morceau de fromage d'alpage. Servir avec du pain de seigle, des noix et du beurre.

Ces régions de montagne, si elles se sont largement ouvertes au tourisme, ont gardé une agriculture vivante souvent pratiquée à temps partiel. On y cultive encore quelques parcelles de blé, de seigle ou de pommes de terre, mais c'est surtout l'élevage qui caractérise la vie de ces vallées. Quittant l'étable du village, chaque printemps, le bétail recommence son périple à la recherche de l'herbe nouvelle. Vaches, génisses, chèvres et moutons gagnent les mayens. A la fin juin, l'inalpe les conduit dans les pâturages où d'immenses domaines les attendent. C'est là-haut que se fabriquent chaque été les fromages d'alpage. Le maître-berger guide le troupeau dans les meilleurs herbages. Au chalet le fromager prépare le feu. Sur place, il transforme le lait en de délicieux fromages qu'il soigne dans sa cave jusqu'à maturité. Après trois mois, le fromage est prêt pour le repas valaisan le plus traditionnel: La raclette.

Wenn man die vielen Zuflüsse der Rhone aufwärts verfolgt, gelangt man in mehr oder weniger enge grüne, rauhe oder steinige Seitentäler.
Diese Täler sind es, die dem Wallis seinen kontrastreichen Charakter geben. Als erstes überrascht der Unterschied zwischen der fruchtbaren und flachen Ebene und den schwindelerregenden Felswänden, welche für die Berg- und Alplandschaft typisch sind. Als zweites springt ins Auge der Unterschied zwischen der Taltiefe, wo sich der Fluss ein unbequemes enges Bett gegraben hat, und der Talhöhe, die sich dem Beschauer weit grosszügiger öffnet.
In diesen Seitentälern, am Fusse der Gletscher und der Berggipfel, sind die eigentlichen Schätze des Wallis zu suchen und auch zu finden. Dort verstecken sich viele Geheimnisse der Kultur und der Tradition; manchmal offenbaren sie sich, zum Beispiel bei der Begegnung zweier Frauen, die in einem Holzraccard im Schatten der Dachschindeln und im Schutz vor den Mäusen ihr Trockenfleisch holen, um eines ihrer wohl typischsten Gerichte zuzubereiten.

Walliser Teller

Man schneidet das Trockenfleisch, den Rohschinken und Speck in feine Scheiben. Ein grosses Stück Alpkäse wird ebenfalls in kleine Stücke geschnitten. Der Walliser Teller wird mit Roggenbrot, Nüssen und Butter serviert.

Die Berggebiete, welche durch den Fremdenverkehr einem breiten Publikum zugänglich gemacht wurden, haben ihre eigene Landwirtschaft beibehalten, die allerdings oft nur halbberuflich ausgeführt wird. Man kultiviert da und dort noch einige Parzellen Weizen, Roggen oder Kartoffeln, aber das Leben in diesen Tälern ist hauptsächlich durch die Viehzucht geprägt. Im Frühling verlassen Kühe, Rinder, Ziegen und Schafe ihre Ställe und begeben sich auf die oft mühsame Suche nach frischem Futter, zuerst hinauf in die Maiensässe (Mayens), und später dann, Ende Juni, findet an vielen Orten der feierlich zeremonierte Alpaufzug statt, wenn das Vieh auf die hochgelegenen, riesigen Berg- und Alpweiden und -matten zieht.
Dort oben werden jeden Sommer die Alpkäse hergestellt. Der Hirtenführer leitet seine Herde zum ergiebigsten Weideland. Im Chalet bereitet der Käser das Feuer zu. Er ist es, der die Milch in einen köstlich mundenden Käse verwandelt, den er bis zu seiner Reife im Keller unter persönlicher Aufsicht aufbewahrt. Nach drei Monaten ist der Käse bereit für die bekannteste und traditionsreichste aller Walliser Spezialitäten, die Raclette.

La raclette

Couper la pièce de fromage agée de 3 à 5 mois en deux moitiés bien égales, gratter la croûte. Par ailleurs, préparer un foyer. Présenter la demi-pièce au feu. Laisser fondre gentiment la pâte jusqu'à ce qu'elle commence à couler. Racler alors prestement, à l'aide d'un grand couteau, la pâte fondue. Manger la raclette bien chaude en l'accompagnant de petites pommes de terre en robe des champs et de cornichons. Ne pas oublier de boire avec chaque raclette un petit verre de Fendant.

une spécialité authentiquement valaisanne

Les premiers fromages fabriqués à l'alpage pourront déjà être apprécié sur l'alpe. Les autres seront répartis au jour de la désalpe entre les différents propriétaires du bétail. L'on retrouve ainsi ces fromages soigneusement alignés dans les râteliers des carnotzets où ils ne manquent pas l'occasion de mettre en valeur le vin du tonneau.
Si le fromage est renommé cela tient bien sûr au savoir-faire des fromagers mais aussi à l'herbe fine et parfumée. Cette même herbe qui engraisse les moutons, les agneaux et les cabris qui paissent sur les hauteurs.
Plus haut encore, c'est le royaume du gibier, paisible et tranquille. Mais lorsque la période de la chasse arrive, la troisième semaine de septembre, tout le pays est saisi d'une intense euphorie. Euphorie du chasseur bien sûr, mais également euphorie des restaurateurs et des gourmets qui attendent aussi la chasse avec impatience.

Pour les gourmets de tous pays
Marseille aura sa bouillabaisse
Munich sa bière en cruche épaisse,
Milan ses longs macaronis.
Mais le record pour fin palais,
je vous le dis, mais en cachette,
On ne le trouve qu'en Valais
c'est la Raclette.

Raclette

Man schneidet den 3-5 Monate alten Käselaib in zwei gleichmässige Hälften. Die Rinde wird mit einem scharfen Messer geschabt. Dann bereitet man ein Feuer zu und legt die eine Käsehälfte mit der Schnittfläche an die Glut. Sobald der Käse zu schmelzen beginnt, wird er mit einem grossen Messer auf einen Teller abgestrichen. Die Raclette wird sehr heiss gegessen. Man serviert dazu Schälkartoffeln (kleine, gut abgebürstete oder abgeschabte und in Salzwasser gekochte neue Kartoffeln), Cornichons, Salzgurken und Essigzwiebeln. Vor allem darf der Fendant nicht fehlen, der sich ganz speziell als Begleiter zur Raclette eignet und dieses Gericht erst richtig zu einem fröhlichen Feinschmeckerfest macht. Man rechnet ein Glas Fendant pro Raclette!

Die ersten auf der Alpkäserei zubereiteten Käse können bereits in ihrem natürlichen Rahmen degustiert werden. Die übrigen werden sofort nach dem Alpabtrieb unter den verschiedenen Vieheigentümern verteilt. Man findet diese Käse schön aneinander gereiht in den speziell dazu bestimmten Ständern der Carnotzets, was den Vorteil aufweist, dass auch sofort der richtige Wein dazu vom Fass gezogen werden kann.
Der Walliser Käse verdankt seine Berühmtheit wohl vor allem dem Können der Käser, aber auch dem köstlich duftenden Gras, welches auch Schäflein, Lämmlein und Zicklein auf den hochgelegenen Alpweiden zum Mästen dient. Noch weiter oben, im friedlichen und ruhigen Reich des Wildes, beginnt in der dritten Septemberwoche das Jagdfieber, von dem nicht nur die Jäger selber befallen sind, sondern auch die Restaurateure und Feinschmecker, welche die Jagdzeit jeweils mit viel Ungeduld erwarten.

La tarte savièsanne

Pâte brisée, pommes de terre, poireaux, lard fumé, fromage à raclette, oeuf.

Abaisser les deux tiers de la pâte de façon à pouvoir foncer une plaque à gâteau en laissant dépasser la pâte de 2 cm. Piquer la pâte et la recouvrir de fines lamelles de pommes de terre. Par ailleurs, blanchir légèrement les poireaux, les couper en tronçons de 2 cm. Faire également revenir à la poêle des lardons sans les laisser prendre couleur. Répartir le mélange de poireaux et de lardons sur le lit de pommes de terre. Recouvrir le tout de lamelles de fromage à raclette avant d'abaisser le reste de pâte pour en faire un couvercle. Pratiquer une petite cheminée au milieu du couvercle, bien joindre les abaisses. Badigeonner le gâteau de jaune d'oeuf pour lui assurer une belle couleur. Glisser au four 30 à 40 minutes. Lorsque le couvercle est bien doré, couvrir la tarte d'une feuille d'alu. Servir chaud.

Vin d'accompagnement: Johannisberg, Ermitage

Tarte Savièsanne

Kuchenteig, Kartoffeln, Lauch, Räucherspeck, Raclette-Käse, Ei.

Mit ⅔ des Teiges den Boden eines Kuchenblechs belegen, 2 cm über den Rand hängen lassen. Den Teig einstechen und mit in feine Lamellen geschnittenen Kartoffeln zudecken. Den gewaschenen Lauch leicht blanchieren und in ca. 2 cm lange Stücke schneiden. Den in feine Würfel geschnittenen Speck in einer Pfanne leicht andämpfen. Lauch und Speck gemischt auf die Kartoffeln legen. Das Ganze mit in Streifen geschnittenem Raclette-Käse bedecken, bevor der Teigrest ausgerollt und wie ein Deckel aufgelegt wird. In die Mitte des Deckels eine Öffnung für die austretende Luft machen, die Teigränder gut andrücken. Den Kuchen mit Eigelb bestreichen, damit er eine schön gelbe Farbe erhält. In den Ofen schieben und 30 bis 40 Minuten backen. Wenn der Deckel schön goldgelb ist, den Kuchen mit einer Alufolie abdecken. Heiss servieren.

Wein am Tisch: Johannisberg oder Ermitage.

Ohne Kartoffeln präsentiert sich der Kuchen von seiner edleren Seite

Damit der Kuchen nicht zu flüssig wird, ist zu empfehlen, den Teig mit Paniermehl zu bestreuen und die Zucchetti anzudämpfen, bevor man sie auf den Teig gibt.

La tarte aux tomates et aux courgettes

500 g de pâte brisée, fromage râpé, tomates, courgettes, 150 g de jambon, 2 dl de Fendant, 2 oeufs, sel, poivre, farine.

Foncer une plaque à gâteau avec une bonne pâte brisée. Recouvrir de fromage râpé, puis de fines lamelles de courgettes. Arranger par dessus les tomates coupées en tranches et le jambon coupé en lamelles. Par ailleurs préparer une liaison avec le Fendant, les oeufs et une cuillerée de farine. Assaisonner et verser cette liaison sur la tarte. Saupoudrer encore abondammant de fromage râpé et passer au four à feu modéré de façon à ce que les tomates et les courgettes soient à point. Servir avec une salade de haricots ou de pommes de terre.

La tarte aux oignons

Pâte brisée, oignons, beurre, fromage râpé, oeufs, crème, sel, poivre.

Peler et émincer plusieurs oignons, selon votre goût. Dans une poêle, les faire fondre au beurre. Ne pas les laisser brunir. Dans un plat, mélanger les oeufs, la crème et un peu de fromage râpé. Saler et poivrer. Ajouter les oignons et vérifier l'assaisonnement.
Abaisser la pâte brisée et en foncer une plaque à gâteau. Piquer avec une fourchette. Verser le mélange sur la pâte et égaliser la surface de façon à ce que les oignons soient bien répartis. Mettre au four chaud, 30 à 40 minutes.

Tomaten- und Zucchettikuchen

500 g Kuchenteig, geriebener Käse, Tomaten, Zucchetti, 150 g Schinken, 2 dl Fendant, 2 Eier, Salz, Pfeffer, Mehl.

Teig auswallen und das Kuchenblech damit belegen. Mit geriebenem Käse bestreuen, dann die fein geschnittenen Zucchettilamellen beifügen. Die in Scheiben zerkleinerten Tomaten sowie den in Streifen geschnittenen Schinken hinzugeben. Fendant, Eier und Mehl zu einer Sauce binden. Würzen und über den Kuchen giessen. Reichlich mit geriebenem Käse überstreuen und im Ofen bei mittlerer Hitze überbacken, bis die Tomaten und Zucchetti gar sind.
Mit Bohnen- oder Kartoffelsalat servieren.

Der beste Kuchenteig ist der selbstgemachte

Zwiebelwähe

Kuchenteig, Zwiebeln, Butter, geriebener Käse, Eier, Rahm, Salz, Pfeffer.

Mehrere mittelgrosse Zwiebeln schälen und in Ringe schneiden. In wenig Butter glasig dünsten (nicht braun werden lassen). In einer Schüssel Eier, Rahm und ein wenig geriebenen Käse vermischen. Salzen, pfeffern. Die Zwiebeln beifügen und abschmecken.
Den Teig auswallen und eine Kuchenform damit belegen. Mit einer Gabel einstechen. Die Zwiebelmischung darauf geben und regelmässig verteilen. Im heissen Ofen 30 bis 40 Minuten überbacken.

pour les tartes rustiques, on peut toujours remplacer le beurre ou la margarine par du saindoux

La quiche valaisanne

Pâte brisée, lard fumé, fromage râpé, poireaux, oeufs, lait, crème, sel, poivre, muscade.

Cuire les poireaux débités en tronçons, dans de l'eau salée. Les égoutter. Blanchir le lard, coupé en petits bâtonnets. Les égoutter. Procéder comme pour toutes les quiches: casser les oeufs, mouiller avec le lait et la crème, battre au fouet. Ajouter les poireaux, les lardons et le fromage râpé. Rectifier l'assaisonnement. Faire une abaisse avec la pâte brisée. Foncer une plaque à gâteau. Piquer la pâte avec une fourchette et recouvrez-la avec le mélange oeufs-poireaux-lardons. Cuire au four chaud 30 à 40 minutes.

Quiche Valaisanne

Kuchenteig, Räucherspeck, geriebener Käse, Lauch, Eier, Milch, Rahm, Salz, Pfeffer, Muskatnuss.

Den in kleine Stücke geschnittenen Lauch in Salzwasser kochen. Abtropfen. Den in Würfel geschnittenen Speck blanchieren. Abtropfen. Die Quiches in der üblichen Weise zubereiten: Eier aufschlagen, mit Milch und Rahm verdünnen und mit dem Schneebesen verquirlen. Lauch, Speck und geriebenen Käse hinzufügen. Abschmecken. Den Kuchenteig auswallen und auf ein Kuchenblech auslegen. Mit der Gabel einstechen und die Eier-Lauch-Speckmasse darauf geben. In den Ofen schieben und 30 bis 40 Minuten backen.

La tarte aux asperges

1 botte d'asperges, pâte brisée, beurre, farine, 1 cuillerée à soupe de concentré de tomates, poivre, muscade, crème, fromage à raclette, jambon cuit.

Cuire les asperges, bien pelées, dans de l'eau salée. Sortir les asperges cuites, mettre de côté une douzaine de pointes pour la décoration. Couper en petits tronçons le reste des asperges. Foncer une plaque de pâte brisée, la précuire à vide, jusqu'à ce qu'elle soit bien colorée. Par ailleurs, avec 40 g de beurre et 30 g de farine, monter un roux clair et mouiller avec le jus de cuisson des asperges de façon à obtenir une sauce assez ferme. Ajouter 1 cuillerée à soupe de concentré de tomates et 1 pointe de muscade. Laisser cuire

Spargeltorte

1 Bündel Spargeln, Kuchenteig, Butter, Mehl, 1 Esslöffel Tomatenpüree, Pfeffer, Muskatnuss, Rahm, Raclettekäse, gekochter Schinken.

Die gut geschälten Spargeln in Salzwasser kochen. Die gekochten Spargeln abtropfen lassen; ein Dutzend Spargelspitzen für die Dekoration beiseite legen. Die restlichen Spargeln in kleine Stücke schneiden. Ein Kuchenblech mit dem Kuchenteig belegen; leer vorbakken, bis der Teig schön Farbe annimmt. Von 40 g Butter und 30 g Mehl eine helle Schwitze zubereiten und mit dem Abkochwasser der Spargeln löschen, um eine ziemlich dicke Sauce zu erhalten. 1 Esslöffel Tomatenpüree und 1 Prise Muskatnuss beifügen. Einige Minuten ko-

quelques minutes. Ajouter 1 dl de crème fraîche et 50 g de fromage à raclette. Verser cette masse sur le fond de tarte sur laquelle on a préalablement réparti les dés d'asperges et des lamelles de jambon cuit. Ne pas oublier les asperges réservées à la garniture. Glisser au four pour gratiner légèrement la surface. Servir chaud.
Vin d'accompagnement: Johannisberg

Les nouilles aux asperges

500 g de nouilles, beurre, jambon cuit en tranches, asperges, oeufs, lait, crème, fromage du Valais, sel, poivre, épices.

Cuire les nouilles à l'eau salée et les rincer encore croquantes à l'eau froide. Bien les égoutter. Beurrer un plat à gratin, y déposer les pâtes, les épicer et disperser quelques noix de beurre. Préparer les tranches de jambon en les coupant en bandelettes de même largeur que les nouilles. Les faires rôtir avec du beurre dans la poêle. Y adjoindre les asperges préalablement cuites à l'eau salée et débitées en tronçons de trois à quatre centimètres. Mélanger le tout aux nouilles. Par ailleurs, battre 3 oeufs, ajouter 1 à 2 tasses de lait, 1 dl de crème et une poignée de fromage râpé. Poivrer. Verser cet appareil sur les nouilles. Saupoudrer la surface de fromage râpé et glisser au four à feu moyen jusqu'à ce que la masse soit prise.
Vin d'accompagnement: Johannisberg

chen lassen. 1 dl frischen Rahm und 50 g Raclettekäse beifügen und diese Masse auf den Kuchenteig geben, auf dem man vorher die Spargelstücke und Schinkenstreifen verteilt hat. Die für die Garnitur reservierten Spargelspitzen nicht vergessen! In den Ofen stellen und leicht gratinieren. Heiss servieren.
Wein am Tisch: Johannisberg

Im Wallis wurden Spargelgerichte immer mit Johannisberg serviert

Spargel-Nudeln

500 g Nudeln, Butter, gekochter Schinken (in Scheiben), Spargeln, Eier, Milch, Rahm, Walliser Käse, Salz, Pfeffer, Gewürze.

Die Nudeln im Salzwasser kochen und »al dente« im kalten Wasser abschrecken. Gut abtropfen. In eine ausgebutterte Gratinform geben. Würzen und einige Butterflöckchen darüber verteilen. Den nudlig geschnittenen Schinken in einer Pfanne in Butter anbraten. Die vorher im Salzwasser gekochten, in 2–3 cm lange Stücke zerkleinerten Spargeln mitdünsten. Das Ganze über die Nudeln geben. 3 Eigelb schlagen, 1–2 Tassen Milch, 1 dl Rahm und eine Handvoll geriebenen Käse hinzufügen. Pfeffern. Auf die Nudeln giessen. Mit geriebenem Käse bestreuen. In den Ofen schieben und bei mittlerer Hitze überbacken, bis der Auflauf schön Farbe angenommen hat.
Wein am Tisch: Johannisberg

La tourte aux asperges

Asperges, échalotes, tomates, thym, marjolaine, basilic, oeufs, lait, beurre, farine, huile, fromage.

Bien peler une quinzaine d'asperges pour éliminer les parties fibreuses. Les faire cuire 30 minutes dans de l'eau salée. Une fois les asperges cuites, conserver les pointes (5 cm). Tronçonner les bases en petits morceaux, laisser ces morceaux dans l'eau de cuisson. Monter un roux clair avec 40 g de beurre et 30 g de farine. Mouiller avec l'eau de cuisson. Incorporer les tronçons d'asperges.
Par ailleurs, faire fondre 2 échalotes dans du beurre, ajouter 500 g de tomates pelées, épépinées et coupées en dés. Saler, poivrer, aromatiser de thym en brindilles, de marjolaine et de basilic. Laisser fondre ce coulis sur petit feu.
Préparer un appareil à omelette: mélanger 2 cuillères à soupe de farine et du lait de façon à former une bouillie claire. Ajouter 6 oeufs entiers, du sel, du poivre et un peu d'huile d'arachide. Battre les oeufs le moins possible. Dans une poêle beurrée, confectionner les omelettes comme des crêpes. Ranger dans un plat à soufflé, une omelette, une couche de sauce aux asperges, une omelette, une couche de coulis de tomates saupoudré de fromage râpé. Poursuivre l'alternance des couches jusqu'à ce que le plat soit plein. Terminer par le coulis de tomates et le fromage râpé. Passer le soufflé au four pendant 20 minutes, garnir sa surface des pointes d'asperges et de fromage râpé et replacer quelques instants au four.
Vin d'accompagnement: Johannisberg

Spargelkuchen

Spargeln, Schalotten, Tomaten, Thymian, Majoran, Basilikum, Eier, Milch, Butter, Mehl, Öl, Käse.

Etwa 15 dicke Spargelstengel gut schälen, so dass der ganze zähe Teil weggenommen wird. 30 Minuten in Salzwasser kochen. Wenn die Spargeln gar sind, die Spitzen von ca. 5 cm Länge für die Garnitur reservieren. Die unteren Teile der Spargeln in kleine Stücke schneiden und im Spargelsud belassen. Von 40 g Butter und 30 g Mehl eine helle Schwitze zubereiten. Mit dem Abkochwasser ablöschen und die unteren Spargelstücke beifügen.
In wenig Butter 2 Schalotten dünsten. 500 g gehäutete, entkernte, in Würfel geschnittene Tomaten hinzufügen. Salzen, pfeffern und mit Thymianstengeln, 1 Messerspitze Majoran und ebensoviel Basilikum würzen. Diese Sauce auf kleinem Feuer einkochen lassen.
Für die Omeletten 2 Esslöffel Mehl in eine Schüssel geben. Milch hinzufügen, bis ein flüssiger Brei entsteht. 6 ganze Eier, Salz, Pfeffer und etwas Erdnussöl hinzufügen. Die Eier so wenig wie möglich schlagen. Die Omeletten in einer gut angebutterten Pfanne wie Pfannkuchen zubereiten. Dieselben in eine Auflaufform legen; zuerst eine Omelette, dann eine Lage Spargelsauce, dann eine zweite Omelette, diesmal von einer Lage Tomatensauce gefolgt. Etwas geriebenen Käse darüber streuen. In dieser Weise die Omeletten abwechselnd mit den Zwischenlagen aufeinander legen, bis die Pfanne fast voll ist. Den Schluss bildet eine letzte Schicht Tomatensauce mit geriebe-

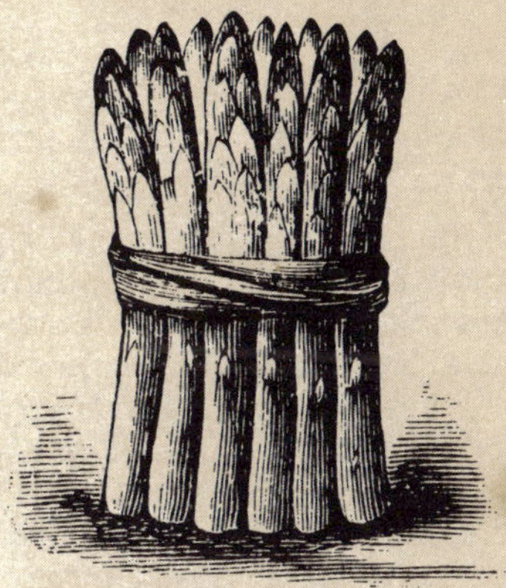

nem Käse. Den Auflauf während 20 Minuten in den Ofen schieben. Mit Spargelspitzen und geriebenem Käse garnieren und nochmals kurz in den Ofen geben, um alles leicht zu überbacken.
Wein am Tisch: Johannisberg

Le soufflé d'asperges

Asperges, beurre, farine, crème fraîche, fromage à raclette, poivre, muscade, oeufs.

Cuire une botte d'asperges. Réserver les pointes (2–3 cm de longueur) pour la garniture. Couper en tronçons le solde des asperges et les remettre pour 15 minutes dans leur eau de cuisson. Passer le tout au moulin de façon à ce que les filaments soient retenus et à obtenir une purée liquide.
Monter un roux clair que vous mouillerez de cette purée. Ajouter 1 dl de crème fraîche, 80 g de fromage à raclette coupé en lamelles, du poivre et 1 pointe de muscade. Lorsque la sauce est bien lisse, retirer du feu et ajouter en tournant, 4 jaunes d'oeufs. Battre les blancs en neige très ferme, puis les ajouter le plus légèrement possible à la masse en même temps que les pointes d'asperges.
Verser l'ensemble dans un plat à soufflé beurré et glisser 25 minutes au four.
Vin d'accompagnement: Johannisberg

Überbackene Spargeln

Spargeln, Butter, Mehl, frischer Rahm, Raclettekäse, Pfeffer, Muskatnuss, Eier.

Ein Bündel Spargeln kochen. Die Spargelspitzen für die Garnitur reservieren (2–3 cm lang). Die restlichen Spargeln in Stücke schneiden und für 15 Minuten in den Kochsud zurücklegen. Das Ganze durchquirlen, die sich auf der Oberfläche formenden Fasern entfernen und zu einem dickflüssigen Püree einkochen lassen.
Eine helle Schwitze zubereiten, mit dem Püree begiessen. 1 dl frischen Rahm, 80 g Raclettekäse, in Streifen geschnitten, Pfeffer und 1 Prise Muskatnuss beifügen. Wenn die Sauce schön glatt ist, vom Feuer nehmen und unter ständigem Rühren 4 Eigelb beigeben. Das Eiweiss zu einem steifen Schnee schlagen, gleichzeitig mit den Spargelspitzen locker unter die Sauce ziehen.
Das Ganze in eine gebutterte Auflaufform giessen und im Ofen 25 Minuten überbacken.
Wein am Tisch: Johannisberg

Le gratin d'asperges »Mon Moulin«

Asperges, beurre, farine, bouillon, cognac, tomates, crème.

Bien éplucher les asperges, les cuire 25 à 30 minutes dans de l'eau salée selon la grosseur des asperges. Une fois tendres, les égoutter sur un linge. Conserver les pointes (10 cm). Broyer les tronçons restant et poursuivre leur cuisson dans leur eau. Monter un roux clair avec 50 g de beurre et 40 g de farine, mouiller d'un demi litre d'eau de cuisson des asperges. Ajouter 1 pointe de couteau de bouillon gras et une tombée de cognac. Régler la consistance de la sauce avec l'eau de cuisson.
Par ailleurs, couper la chair des tomates en petits carrelets, les faire fondre à la poêle dans du beurre. Epicer. Faire en sorte qu'il y en ait assez pour napper le fond d'un plat à gratin. Sur ce lit de tomates, disposer les pointes d'asperges régulièrement de façon à ce qu'elles se superposent légèrement, comme les tuiles d'un toit. Au dernier moment adjoindre à la sauce d'asperges 1,5 dl de crème montée en chantilly. Napper le plat de ce mélange et mettre gratiner à four très chaud pendant quelques minutes.
Vin d'accompagnement: Johannisberg

Cette recette a été rendue célèbre par le restaurant du moulin à Charrat.

Spargelauflauf »Mon Moulin«

Spargeln, Butter, Mehl, Bouillon, Cognac, Tomaten, Rahm.

Die Spargeln gut schälen. Je nach Grösse ca. 25 bis 30 Minuten in Salzwasser kochen. Wenn sie gar sind, auf einem Tuch abtropfen lassen. Die Spargelspitzen (10 cm) beiseite legen. Die übrigen Spargelstücke zermahlen und im Kochsud weiterkochen. Eine helle Schwitze von 50 g Butter und 40 g Mehl zubereiten, mit einem halben Liter Spargelwasser löschen. 1 Messerspitze fette Bouillon und einen kleinen Schuss Cognac beifügen. Die Sauce muss ziemlich fest sein – mit dem Kochwasser kann sie leicht aufgelockert werden.
Das Tomatenfleisch in kleine Würfel schneiden und in der Pfanne mit etwas Butter dünsten. Würzen. Genügend Tomaten zubereiten, damit der Boden der Auflaufform damit bedeckt werden kann. Auf diese Tomatenschicht die Spargelspitzen in regelmässigen Reihen auflegen, so dass die Spitzen sich jeweils leicht verschieben und ziegelförmig übereinanderliegen. Im letzten Moment 1,5 dl steifgeschlagenen Rahm unter die Spargelsauce ziehen. Das Gericht damit bedecken und im heissen Ofen einige Minuten überbacken.
Wein am Tisch: Johannisberg

Le Zigouille-Moustique

Restes de pain (pain rassis), lait, beurre, fromage d'alpage, sel, muscade, poivre, oeufs, crème.

Prendre 1 kg de pain rassis, enlever la croûte, débiter la mie en petits dés. Les mettre dans un saladier et verser dessus ¾ l de lait bouillant. Lorsque le pain est bien imbibé, ajouter 50 g de beurre fondu et 200 g de fromage d'alpage. Epicer d'un peu de sel, poivre et d'une pointe de muscade. Compléter l'appareil de 4 oeufs entiers et d'un peu de double crème. Mélanger bien le tout, répartir cette masse dans un plat à gratin, abondamment beurré. Saupoudrer de fromage râpé et glisser au four pendant 30 minutes. Le ramequin doit prendre une belle couleur brun doré sur toute sa surface.
Vin d'accompagnement: Fendant

Un repas qui était souvent servi aux pensionnaires du Collège de l'Abbaye de St. Maurice

Der Mücken-Killer (Zigouille-Moustique)

1 kg Brotreste (altbackenes Brot), Milch, Butter, Alpkäse, Salz, Muskatnuss, Pfeffer, Eier, Rahm.

Die Brotkruste entfernen; die Brotkrumen in Würfel schneiden und in eine Salatschüssel legen. Mit ¾ l kochender Milch begiessen. Sobald das Brot gut durchtränkt ist, 50 g geschmolzene Butter und 200 g geriebenen Alpkäse hinzugeben. Mit ein wenig Salz und einer guten Prise Muskatnuss und frisch gemahlenem Pfeffer würzen. Mit 4 ganzen Eiern und etwas Doppelrahm vervollständigen. Das Ganze gut mischen und die Masse in eine gut ausgebutterte Auflaufform geben. Mit etwas geriebenem Käse bestreuen und 30 Minuten in den Ofen schieben. Der Käsekuchen muss schön und gleichmässig goldgelb überbacken sein.
Wein am Tisch: Fendant

Le gratin chablaisien

Echalotes, ail, pommes de terre, lard fumé, fromage, sel, poivre, lait, bouillon, Fendant, beurre.

Beurrer un plat à gratin. Saupoudrer le fond avec des échalotes hâchées et une gousse d'ail écrasée. Couper de grosses pommes de terre en fines lamelles. Superposer une couche de pommes de terre, une couche de lard fumé, une couche de fromage râpé, une couche d'échalotes hachées et recommencer en terminant par une couche de fromage râpé. Ne pas oublier de parsemer quelques noisettes de beurre. Mouiller avec ⅔ de lait et ⅓ de bouillon. En cours de cuisson, ajouter 1 verre de Fendant.
Faire gratiner à four chaud pendant 60 minutes. Protéger la surface avec un papier d'alu, si elle devient très brune.
Vin d'accompagnement: Fendant

Le gratin valaisan au fromage et aux pommes de terre

Pommes de terre, fromage du Valais, lait, sel, poivre, muscade, épices, beurre.

Peler deux bons kilos de pommes de terre et les découper en lamelles (1 cm d'épaisseur environ). Enduire de beurre un plat à gratin. Tapisser le fond d'une couche de pommes de terre. Epicer, saupoudrer généreusement de fromage râpé. Alterner ainsi les couches jusqu'à ce que

Gratin Chablaisien

Schalotten, Knoblauch, Kartoffeln, Räucherspeck, Salz, Pfeffer, Milch, Bouillon, Fendant, Butter

Eine ausgebutterte Auflaufform mit den feingehackten Schalotten und einer zerdrückten Knoblauchzehe bestreuen. Grosse Kartoffeln in feine Lamellen schneiden. Abwechselnd mit einer Schicht Kartoffeln, Räucherspeck, geriebenem Käse und gehackter Schalotten auffüllen, wobei der geriebene Käse den Abschluss bildet. Auf jeder Lage jeweils einige Butterflöckchen verteilen. Mit ⅔ Milch und ⅓ Bouillon begiessen. Während des Überbackens 1 Glas Fendant beigeben.
Im heissen Ofen 60 Minuten gratinieren. Die Oberfläche mit einer Alufolie schützen, falls sie zu schnell Farbe annimmt.
Wein am Tisch: Fendant

Mit einem guten frischen Salat servieren

Walliser Käse- und Kartoffelauflauf

Kartoffeln, Walliser Käse, Milch, Salz, Pfeffer, Muskatnuss, Gewürze, Butter.

Zwei gute Kilo Kartoffeln schälen und in kleine Lamellen (ca. 1 cm dick) schneiden. Eine Lage Kartoffellamellen in eine ausgebutterte Gratinform legen. Würzen, mit geriebenem Käse bestreuen. Dann wieder eine Lage Kartoffeln und geriebenen Käse beigeben, bis die Auflaufform fast ganz angefüllt ist.

Butter kann durch 3 geschlagene Eier, mit Milch vermischt und gut gewürzt, ersetzt werden.

le plat soit convenablement rempli. Terminer par une couche de fromage. Mouiller ce gratin de 3 dl de lait et de 100 g de beurre fondu. Déposer le plat au four préchauffé à température moyenne et laisser rôtir 45 à 50 minutes.
Vin d'accompagnement: Fendant, Goron

Den Schluss bildet eine Lage geriebener Käse. Diesen Gratin mit 3 dl Milch und 100 g Butter übergiessen. Die Auflaufform im vorgeheizten Ofen bei mittlerer Hitze 45 bis 50 Minuten überbacken.
Wein am Tisch: Fendant, Goron

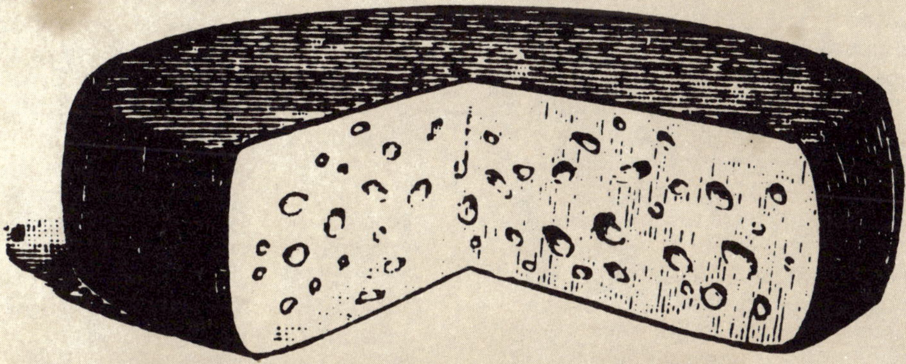

Les pâtes de grand-mère

500 g de nouilles, beurre, 6 oeufs, lait, crème, fromage du Valais, ail, persil, sel, poivre.

Cuire les pâtes dans de l'eau salée, les en retirer encore croquantes. Les arroser vite d'eau froide et bien les laisser égoutter. Badigeonner un plat à gratin de beurre, y installer les pâtes.
Battre vigoureusement six oeufs au fouet, y ajouter 3 dl de lait et 1 dl de crème et une bonne poignée de fromage râpé. Incorporer le persil et l'ail finement hachés. Poivrer. Déverser ce mélange sur les pâtes, saupoudrer de fromage râpé et placer au sommet du four. Laisser au four une bonne demi-heure jusqu'à ce que l'oeuf soit solidifié.
Vin d'accompagnement: Goron

Teigwaren nach Grossmutters Art

500 g Nudeln, Butter, 6 Eier, Milch, Rahm, Walliser Käse, Knoblauch, Petersilie, Salz, Pfeffer.

Die Teigwaren im Salzwasser kochen und »al dente« herausnehmen. Schnell mit kaltem Wasser übergiessen und gut abtropfen lassen. Die Teigwaren in eine gut ausgebutterte Gratinform geben.
6 Eier schlagen; 3 dl Milch, 1 dl Rahm, eine Handvoll geriebenen Käse sowie die feingehackte Petersilie und den gewiegten Knoblauch beifügen. Pfeffern. Diese Masse über die Teigwaren geben. Mit geriebenem Käse bestreuen und auf der obersten Rille im Ofen gut 30 Minuten backen, bis das Ei fest geworden ist.
Wein am Tisch: Goron

La polenta gratinée du val de Bagnes

150 g de semoule de maïs, 150 g de farine de maïs, oignons, beurre, tomates, jambon cuit, fromage, Fendant.

Dans un litre d'eau salée, verser la semoule et la farine de maïs en même proportion. Travailler au fouet jusqu'à ce que la masse soit épaisse en portant à ébullition. Laisser mijoter pendant une bonne heure en remuant régulièrement à la cuillère en bois. Etaler la polenta en couche d'un centimètre sur une planche huilée et laisser refroidir.

Par ailleurs, faire revenir au beurre 1 bel oignon émincé, y ajouter plusieurs tomates pelées, épépinées et coupées en cubes. Saler, poivrer, épicer. Laisser mijoter ce coulis dans un petit verre de fendant jusqu'à ce qu'il devienne purée. Incorporer le jambon cuit préalablement débité en fines lamelles. Répartir cette masse sur la galette de polenta coupée en tranches. Recouvrir le tout de lamelles de fromage de Bagnes. Disposer ces tranches dans un plat beurré en les faisant se chevaucher légèrement, glisser le plat au four pendant une vingtaine de minutes. La surface doit être alors bien gratinée.

Vin d'accompagnement: Fendant, Dôle

la polenta réchauffée était souvent servie comme petit déjeuner dans les familles paysannes.

Maisgratin »Val de Bagnes«

150 g Maisgriess, 150 g Maismehl, Zwiebeln, Butter, Tomaten, gekochter Schinken, Käse, Fendant.

Maisgriess und Maismehl leicht in das siedende Salzwasser geben. Mit dem Schwingbesen gut rühren, bis die Masse dickflüssig ist, dann zum Sieden bringen. Während einer guten Stunde schmoren lassen unter fortwährendem Rühren mit dem Holzlöffel. Die Polenta in Schichten von 1 cm auf einem eingeölten Brett verteilen und erkalten lassen.

In einer Bratpfanne 1 schöne, feingehackte Zwiebel in Butter goldig werden lassen, dann mehrere geschälte, entkernte, in kleine Würfel geschnittene Tomaten dazugeben. Salzen, pfeffern, würzen. Diese Masse in einem kleinen Glas Fendant schmoren lassen, bis ein Püree entsteht. Den Schinken in feine Streifen schneiden und beifügen. Die gesamte Masse auf die in Schnitten aufgeteilte Polenta verteilen. Das Ganze mit feingeschnittenen Streifen Bagnes-Käse bedekken. Die Schnitten ziegelartig in eine bebutterte Gratinform geben und im Backofen während 20 Minuten überbacken. Nach dieser Zeit sollte die Polenta schön gratiniert sein.

Wein am Tisch: Fendant, Dôle

Croûtes, crêpes et beignets

Les feuilletés au fromage

Pâte feuilletée, lait, fromage de Bagnes, oeufs, sel, poivre, épices.

Abaisser la pâte feuilletée à 5 mm d'épaisseur. Découper en rectangles, passer à l'oeuf et cuire à four chaud. Par ailleurs, porter à ébullition 2,5 dl de lait, adjoindre 250 g de fromage de Bagnes râpé et 1 oeuf entier. Saler légèrement, poivrer et épicer. Amener la masse en cuisson pour bien lier les éléments. Trancher les rectangles de pâte pour enlever le couvercle. Farcir le fond de crème au fromage et refermer. Servir de suite, très chaud.
Vin d'accompagnement: Fendant

Les croûtes au fromage

Pain, beurre, Fendant, fromage de Bagnes.

Dans une poêle, faire dorer, dans du beurre, les tranches de pain. Les arranger dans un plat et les arroser légèrement de Fendant. Recouvrir le pain de tranches de fromage. Passer au four chaud et laisser fondre le fromage. Servir chaud, lorsque le fromage est doré.
Ces croûtes au fromage peuvent être enrichies à souhait, en ajoutant sous le fromage une tranche de jambon ou une lamelle d'oignon.
Vin d'accompagnement: Fendant

Überbackenes, Crèpes und Beignets

Feuilletés au Fromage

Blätterteig, Milch, Bagnes-Käse, Eier, Salz, Pfeffer, Gewürze.

Den Blätterteig dünn auswallen (5 mm). In Rechtecke ausschneiden. Mit dem Ei bestreichen und im heissen Ofen backen. 2,5 dl Milch zum Kochen bringen. 250 g geriebenen Bagnes-Käse und 1 ganzes Ei beifügen. Leicht salzen, pfeffern und würzen. Die Masse zum Kochen bringen, damit sie sich gut bindet. Die Blätterteig-Rechtecke längsseitig durchtrennen, um den Deckel zu entfernen. Den Fond mit der Käse-Creme füllen und zudekken. Sofort sehr heiss servieren.
Wein am Tisch: Fendant

Käseschnitten

Brot, Butter, Fendant, Bagnes-Käse.

Die Brotscheiben in einer Pfanne mit etwas Butter goldgelb ausbakken. In eine Auflaufform legen und mit ein wenig Fendant übergiessen. Das Brot mit Käseschnitten überdecken. In den heissen Ofen schieben und den Käse schmelzen lassen. Heiss servieren, wenn der Käse goldgelb ist.
Diese Käseschnitten können nach Bedarf angereichert werden, indem man beispielsweise eine Scheibe Schinken oder eine Zwiebellamelle unter den Käse legt.
Wein am Tisch: Fendant

Um die Arbeit der Köchin zu erleichtern, können Pastetchen benützt werden.

Les croûtes aux tomates

Pain, beurre, tomates, sel, poivre, paprika, fromage à raclette, Fendant.

Passer à la poêle 1 grande tranche de pain de façon à griller une de ses faces. Peler 1 tomate, la couper en tranches, répartir les tranches de tomate sur le côté grillé du pain. Saler, poivrer. Mettre au four une dizaine de minutes dans un plat beurré. Débiter le fromage à raclette en lamelles de 4 à 5 mm d'épaisseur. Recouvrir la tranche d'une couche régulière de fromage. Saupoudrer de paprika. Verser ½ dl de Fendant dans le plat. Remettre au four jusqu'à ce que le fromage soit fondu.
Vin d'accompagnement: Fendant

Tomatenkrusten

Butter, Brot, Tomaten, Salz, Pfeffer, Paprika, Raclettekäse, Fendant.

1 grosse Brotscheibe in der Pfanne auf einer Seite rösten. 1 Tomate schälen, in Scheiben schneiden und auf die geröstete Seite des Brotes verteilen. Salzen, pfeffern. In einer ausgebutterten Form ca. 10 Minuten im Ofen überbacken. Den Raclettekäse in 4–5 mm dicke Lamellen schneiden. Jede Brotscheibe mit einer regelmässigen Lage Käse bedecken. Mit Paprika überstreuen. ½ dl Fendant hinzugiessen. In den Ofen zurückschieben, bis der Käse geschmolzen ist.
Wein am Tisch: Fendant

La croûte aux champignons

Echalotes, beurre, champignons, fromage, sel, poivre, vin blanc, pain.

Etuver dans un bon morceau de beurre une échalote finement hachée. Jeter sur ce fond, des champignons émincés. Saler, poivrer. Cuire à feu vif jusqu'à ce que l'eau des champignons se soit évaporée et que ceux-ci commencent à rissoler. Par ailleurs, faire griller une tranche de pain dans la poêle. Placer la croûte obtenue dans un plat beurré. La garnir des champignons. Recouvrir le tout de lamelles de fromage de Bagnes et mettre au four jusqu'à ce que le fromage soit bien fondu. Ne pas oublier de mettre ½ dl de vin blanc au fond du plat.

Pilzschnitten

Schalotten, Butter, Pilze, Bagnes-Käse, Salz, Pfeffer, Weisswein, Brot.

Die feingehackten Schalotten in etwas Butter andämpfen. Die kleingeschnittenen Pilze dazugeben. Salzen, pfeffern. So lange bei grossem Feuer kochen, bis das Wasser ganz verdunstet ist und die Pilze braun werden. Die Brotscheiben in einer Pfanne rösten. In einen ausgebutterten Topf legen, ½ dl Weisswein darüber giessen und mit den Pilzen garnieren. Das Ganze mit Käselamellen überdecken und in den Ofen schieben, bis der Käse schön überbacken ist.

können mit Wald- oder Treibpilzen zubereitet werden.

Les crêpes à la valaisanne

Farine, sel, poivre, muscade, oeufs, lait, beurre, huile, fromage.

Pour 12 crêpes, mélanger dans un récipient 200 g de farine et 1 cuillerée à café de sel. Incorporer 4 oeufs l'un après l'autre. Ajouter ½ l de lait cuit puis refroidi, 30 g de beurre et 2 cuillerées à soupe d'huile d'arachide. Travailler le mélange assez liquide et laisser reposer. Par ailleurs, dans une casserole monter une béchamel épaisse avec 60 g de beurre, 60 g de farine et du lait. Saler, poivrer, ajouter une bonne pincée de muscade. Incorporer 300 g de fromage râpé. Mélanger jusqu'à ce que le fromage soit fondu. Cette sauce va servir à farcir les crêpes, elle peut être légèrement aromatisée à l'eau-de-vie de poire William. Pour la cuisson des crêpes, huiler la poêle, étendre une fine couche de pâte. Retourner la crêpe lorsque la première face est séchée. Mettre sur chaque crêpe une cuillerée de sauce. Plier de façon à former de petits coussinets. Possiblité de rallonger la béchamel restante, en napper les crêpes, saupoudrer de fromage râpé et mettre quelques instants au four.
Vin d'accompagnement: Fendant

Walliser Pfannkuchen

Mehl, Salz, Pfeffer, Muskatnuss, Eier, Milch, Butter, Öl, Käse.

Für 12 Pfannkuchen: 200 g Mehl und 1 Kaffeelöffel Salz in eine Schüssel geben. 4 Eier eins nach dem andern hinzufügen. ½ l gekochte und daraufhin abgekühlte Milch, 30 g Butter und 2 Suppenlöffel Erdnussöl einrühren. Sobald der Teig flüssig genug ist, ruhen lassen. In einer Pfanne eine ziemlich dicke Béchamelsauce mit 60 g Butter, 60 g Mehl und Milch herstellen. Salzen, pfeffern und eine Prise geriebene Muskatnuss hinzufügen. 300 g geriebenen Käse unterrühren. Rühren, bis der Käse schmilzt. Diese Sauce dient als Füllung für die Pfannkuchen. Sie kann noch leicht gewürzt werden durch Hinzufügen eines kleinen Glases Williams-Schnaps. Zum Backen der Pfannkuchen die Pfanne ölen und eine feine Schicht Teig ausbreiten. Den Kuchen umdrehen, sobald die erste Seite trocken ist. Auf jeden Kuchen einen Löffel Sauce geben. Den Pfannkuchen einschlagen, so dass eine Art rechteckiges Kissen entsteht.
Den Rest der Béchamelsauce zusammen mit geriebenem Käse auf die Pfannkuchen geben und kurze Zeit in den heissen Ofen stellen.
Wein am Tisch: Fendant

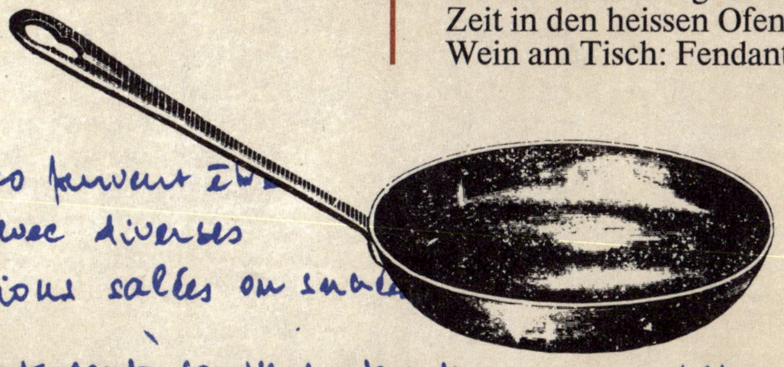

les crêpes peuvent être farcies avec diverses préparations salées ou sucrées
elles sont sont souvent servies comme repas du soir ou comme dessert.

Les croûtes dorées

Pain blanc rassis, lait, sucre, oeufs, beurre, cannelle.

Débiter le pain en tranches assez épaisses de 1 à 1,5 cm. Par ailleurs, préparer deux assiettes à soupe. Dans la lère, mettre 2 grosses cuillerées à soupe de sucre et 1 tasse de lait bouillant. Dans la 2ème, battre 2 oeufs entiers avec 1 cuillerée à soupe de lait. Faire fondre dans une poêle un bon morceau de beurre. Passer chaque tranche de pain dans le lait. Egoutter avant de passer dans la seconde assiette. Faire rôtir dans la poêle. Retourner les tranches après 2 à 3 minutes, lorsque la lère face est bien dorée. Ranger les tranches dans un plat tenu au chaud et saupoudrer, avant de servir, d'un mélange de sucre et de cannelle.

Goldschnitten

Altbackenes Brot, Milch, Zucker, Eier, Butter, Zimt.

Das Brot in 1–1,5 cm dicke Scheiben schneiden. Zwei Suppenteller bereitstellen. In den ersten 2 gehäufte Suppenlöffel Zucker und 1 Tasse kochende Milch geben. In dem anderen 2 ganze Eier und 1 Löffel Milch mit der Gabel schlagen. In einer Pfanne ein Stück Butter schmelzen lassen. Jede Brotscheibe in die Milch tauchen, abtropfen lassen und dann in den zweiten Teller geben. In der Pfanne backen und nach 2 bis 3 Minuten die Brotscheiben wenden; jede Seite muss schön goldbraun sein. Die Scheiben auf einen warmgestellten Teller legen und vor dem Servieren mit etwas Zucker und Zimt bestreuen.

Les beignets au fromage

Farine, sel, beurre, bière, oeufs entiers, blancs d'oeuf, fromage, Fendant.

Faire une pâte à frire en mélangeant 125 g de farine, 1 pincée de sel, 2 cuillerées à café de beurre fondu, ½ dl d'eau, ½ dl de bière et 2 oeufs entiers. Ne pas trop travailler la pâte et la laisser reposer 60 minutes. Incorporer 2 blancs d'oeuf en neige au moment d'employer la pâte. Par ailleurs, préparer des bâtonnets de fromage de 6 cm de longueur. Les mouiller avec un peu de Fendant et les rouler dans la farine. Les tremper ensuite dans la pâte à frire, puis les passer à la friture à 180°. Une fois dorés, égoutter soigneusement les bâtonnets et servir chaud.

Käsekrapfen

Mehl, Salz, Butter, Bier, Eier, Eiweiss, Käse, Fendant.

Einen Backteig herstellen, indem man 125 g Mehl, 1 Prise Salz, 2 Kaffeelöffel zerlassene Butter, ½ dl Wasser, ½ dl Bier und 2 Eier mischt. Den Teig nicht zu stark bearbeiten; 60 Minuten ruhen lassen. Die beiden steifgeschlagenen Eiweiss vor dem Backen unterziehen. 6 cm lange Käsestäbchen zubereiten. Mit ein wenig Fendant übergiessen, dann im Mehl wenden. Im Backteig anfeuchten und bei 180° in der Pfanne fritieren. Die goldgelben Käsestäbchen sorgfältig abtropfen lassen und heiss servieren.

Der Käse kann durch geschälte und mit etwas Goldos besprengten Apfelschnitze ersetzt werden, Nach dem Backvorgang mit einer Zucker-Zimtmischung bestreuen

La fondue maraîchère

Fromage de Gruyère, fromage de Bagnes, fromage vacherin, carottes, céleris raves, courgettes, cardons, navets, fenouils, chou-fleur, choux de Bruxelles, poireaux, pommes de terre, poivre.

Préparer une fondue au fromage selon la recette habituelle. Remplacer le pain par des morceaux de légumes cuits à point dans de l'eau salée. Ne pas trop cuire les légumes de façon à ce qu'ils résistent au »coup de fourchette«. Bien les égoutter.
Vin d'accompagnement: Fendant, Oeil-de-Perdrix

Fondues

Gemüse-Fondue

Gruyère-Käse, Bagnes-Käse, Vacherin-Käse, Rüebli, Gemüsegurken, Kardonen, Steckrüben, Sellerierüben, Fenchel, Blumenkohl, Rosenkohl, Lauch, Kartoffeln, Pfeffer.

Ein gewöhnliches Käsefondue nach üblichem Rezept zubereiten. Statt der Brotwürfel serviert man Gemüsehappen, die in Salzwasser so gekocht werden, dass sie noch fest bleiben und das Aufspiessen auf die Gabel vertragen. Die Gemüsestückchen gut abtropfen und lau bis warm separat oder schon gemischt auftischen.
Wein am Tisch: Fendant, Oeil-de-Perdrix

Der Fendant ist ein guter und idealer Begleiter zu allen Käsegerichten

La fondue à la William

Fromages du Valais (Bagnes, Conches), Fendant, ail, 1 cuillerée à café de fécule, 1 petit verre d'eau-de-vie de poires William, poires William, poivre.

Hacher très finement la gousse d'ail, la mettre dans le caquelon à fondue avec le Fendant. Faire chauffer avant d'y déverser le fromage préparé en fines lamelles ou râpé. Remuer en forme de huit à feu moyen jusqu'à ce que le vin et le fromage se soient mariés en une masse homogène. Diluer la fécule dans l'eau-de-vie de poires William et ajouter à la masse. Laisser encore un peu à feu avant de porter sur la table.
Préparer le réchaud à alcool et servir cette fondue accompagnée de tranches de pain coupées en gros cubes et de poires William débitées en carrelets.
Vin d'accompagnement: Fendant

Williams-Fondue

Walliser Käse (Bagnes, Conches), Fendant, Knoblauch, 1 Kaffeelöffel Stärkemehl, 1 kleines Glas Eau-de-Vie Williams, Williamsbirnen, Pfeffer.

Die Knoblauchzehe fein hacken und zusammen mit dem Fendant in ein Fonduecaquelon geben. Aufwärmen und dann den in feine Lamellen geschnittenen Käse beifügen. In Achterform bei mittlerem Feuer rühren, bis sich der Wein und der Käse zu einer homogenen Masse binden. Das Stärkemehl in etwas Williams-Branntwein auflösen und der Masse beifügen. Noch für kurze Zeit auf dem Feuer belassen, bevor das Fonduecaquelon auf das vorbereitete Spiritus-Rechaud kommt.
Das Fondue mit grossen Brotwürfeln und in kleine Stücke geschnittenen Williamsbirnen servieren.
Wein am Tisch: Fendant

La fondue à la tomate

Fromage de Gruyère, fromage de Bagnes, fromage vacherin, tomates, herbes aromatiques, poivre, épices, pommes de terre, Fendant.

Dans un caquelon, faire fondre dans du beurre plusieurs tomates préalablement pelées et épépinées. Adjoindre des herbes aromatiques selon vos goûts, poivrer généreusement. Mouiller d'un verre de Fendant. Incorporer le fromage râpé en remuant régulièrement. Faire fon-

Tomatenfondue

Gruyère-Käse, Bagnes-Käse, Vacherin-Käse, Tomaten, aromatische Kräuter, Pfeffer, Gewürze, Kartoffeln, Fendant.

In einem Fonduecaquelon die vorher geschälten und entkernten Tomaten in etwas Butter weich dämpfen. Nach Belieben die aromatischen Kräuter beifügen, gut pfeffern und mit einem Glas Fendant ablöschen. Den geriebenen Käse unter ständigem Rühren beifügen.

Man kann noch zwei Knoblauchzehen beifügen

dre le fromage en rajoutant éventuellement un peu de Fendant pour obtenir la consistance désirée.
Servir à part des pommes de terre en robe des champs.
Vin d'accompagnement: Fendant, Goron

La fondue paysanne du Valais

Fromages valaisans (Bagnes, Conches, Orsières), beurre, 1 cuillerée de fécule de pommes de terre, lait, muscade, poivre.

Faire fondre le beurre dans le caquelon à fondue, ajouter la fécule. Mouiller lentement en ajoutant 2 dl de lait. Epicer de poivre et de muscade tout en laissant mijoter. Incorporer à cette sauce le fromage râpé en remuant régulièrement jusqu'à ébullition. Laisser cuire 2 à 3 minutes à feu moyen.
Préparer sur la table le réchaud à alcool et servir cette fondue accompagnée de pommes de terre en robe des champs ou de pain paysan.
Vin d'accompagnement: Fendant

la fécule peut être remplacée par de la farine.
Chez nous on appelait ce plat la Colle.

Den Käse zum Schmelzen bringen und eventuell noch ein wenig Fendant beifügen, um die gewünschte Dichtigkeit zu erhalten.
Die Kartoffeln separat als »Gschwellti« servieren.
Wein am Tisch: Fendant, Goron

Dank seinem leicht pikanten Geschmack, ein sehr geschätztes Gericht.

Walliser Bauernfondue

Walliser Käse (Bagnes, Conches, Orsières), Butter, 1 Löffel Kartoffelstärkemehl, Milch, Muskatnuss, Pfeffer.

Etwas Butter im Fonduecaquelon zergehen lassen; das Stärkemehl hinzufügen. Leicht andämpfen und unter Rühren langsam mit 2 dl Milch ablöschen. Pfeffer und eine Prise Muskatnuss beifügen, weiter köcheln lassen. In diese Sauce den geriebenen Käse einrühren und zum Kochen bringen. 2 bis 3 Minuten auf mittlerem Feuer kochen lassen.
Auf dem Tisch ein Spiritus-Rechaud bereitstellen und das Fondue zusammen mit den Kartoffeln in der Schale (»Gschwellti«) oder mit Bauernbrot servieren.
Wein am Tisch: Fendant

Notes et autres recettes:
Notizen und weitere Rezepte:

Notes et autres recettes:
Notizen und weitere Rezepte:

fig. 3 La route du vignoble

Die Weinbergstrasse

Le vignoble valaisan s'étend pour l'essentiel entre Martigny et Loèche sur la rive droite du Rhône. Il s'agrippe à la montagne et forme une bande continue sur plus de 50 km. La surface viticole valaisanne représente actuellement près de 5300 ha soit le 40% du vignoble suisse. Si déjà dans le Bas-Valais, les coteaux des Evouettes et de Vouvry annoncent des couleurs viticoles, il faut toutefois attendre Martigny pour entrer en plein dans la grande tradition vigneronne. Ici au pied de la Tour de la Bâtiaz, les vignes jalonnent les premiers contreforts de la route de la Forclaz. Elles y produisent un Fendant sec et pétillant. La route du vignoble commence également à Martigny ou plus exactement au coude du Rhône. Elle suit ensuite le coteau longeant les murs qui souvent soutiennent d'étroits tablars de vigne. Par Branson, elle conduit jusqu'à Fully. La région est réputée pour son climat des plus torride. Son vignoble accidenté produit notamment un des meilleurs Ermitage du Valais. Fully est également célèbre par ses châtaigniers dont les fruits mûrs à l'époque des vendanges servent à la préparation de la brisolée.

La brisolée

Préparer un beau brasier avec une belle flamme. Fendre au coûteau les châtaignes de façon à pouvoir les ouvrir facilement par la suite. Mettre les châtaignes dans une poêle au long manche, percée d'une multitude de trous. Présenter les châtaignes aux flammes en prenant soin de les faire sauter régulièrement de façon à les griller de tous les côtés. Les châtaignes sont cuites en 20 minutes environ. A table, on décortique les châtaignes avec les doigts. Bien réussies, elles doivent avoir une croûte croustillante et une chair onctueuse. Accompagner ce repas de différents fromages d'alpage et bien sûr du moût, qui a conservé le bon goût du raisin et qui offre déjà les promesses du vin nouveau.

Voici ensuite Saillon, vieux bourg médiéval accroché à la colline, Saillon avec ses tours, ses ruelles et aussi ses petites caves voûtées où il fait bon déguster le vin du tonneau. Leytron, Chamoson, St-Pierre-de-Clages, voici le vignoble qui s'étend maintenant en pentes douces sur le plus vaste cône d'alluvions du Valais. Ici c'est le pays du Johannisberg, ce vin au doux parfum d'amandiers en fleurs. Arrivent ensuite les vignobles d'Ardon, de Vétroz et Conthey. Contraste étonnant entre les parchets nichés entre les rochers et les vignes qui s'étendent sur la plaine. Cette région produit également de bons vins. L'Amigne de Vétroz y est spécialement réputée. Enfin dépassant le Mont d'Or, l'on atteint Sion, la Capitale. Deux

Der Walliser Weinberg umfasst vor allem die Reben auf dem rechten Rhoneufer zwischen Martigny und Leuk, wo er an den Sonnenhängen ein über 50 km langes Band bildet. Die gesamte Walliser Rebbaufläche beträgt heute über 5.300 ha, was 40% des gesamten Schweizer Anbaugebietes entspricht. Im Unterwallis findet man schon recht bedeutende Flächen bei Les Evouettes und Vouvry, welche bereits auf einen grossen Weinkanton hinweisen. Allerdings kann erst ab Martigny von einer bedeutenden Weintradition gesprochen werden. Am Fusse des Turmes »La Bâtiaz« dehnen sich die Reben über das Forclaztal aus und reichen bis an die Pfeiler der Pass-Strasse hin. Sie erzeugen einen trockenen, spritzigen Fendant. Die Weinbergstrasse beginnt am Rhoneknie bei Martigny und folgt den Hängen entlang der typischen Stützmauern, welche überall im Walliser Rebberg zu finden sind und die das Einstürzen der oft äusserst steilen und auf engen Flächen zusammengedrängten Parzellen verhindern. Über Branson gelangt sie nach Fully, eine Gegend, die durch eine sengende Sommerhitze gekennzeichnet ist. Ihre Reben erzeugen einen der bedeutendsten Ermitage des Wallis. Fully ist aber auch bekannt für seine Kastanienbäume, die in der Zeit der Weinlese die Kastanien für die Zubereitung der »Brisolée« liefern.

Brisolée

Eine Glut mit einer schönen Flamme vorbereiten. Die Kastanien mit dem Messer einschneiden, damit sie nachher leicht geschält werden können. Die Kastanien in eine Pfanne mit einem langen Griff und stark durchlöchertem Boden legen, über die glühenden Flammen stellen und darauf achten, dass sie regelmässig auf allen Seiten rösten. Die Kastanien sind in etwa 20 Minuten gar. Bei Tisch werden sie von Hand geschält. Wenn sie ganz frisch und gerade recht durchgekocht sind, ist ihr Genuss am grössten; sie haben eine knusprige Kruste und ihr Fleisch ist besonders üppig.
Zu dieser Mahlzeit serviert man verschiedene Alpkäse und selbstverständlich Sauser, der nach frischen Trauben schmeckt und bereits den neuen Wein durchschimmern läßt.

Vom mittelalterlichen Marktflecken und heutigen Winzerdorf Saillon stechen vor allem seine berühmte Zitadelle, die im 13. Jahrhundert von den Grafen von Savoyen auf diesem Gebirgsvorsprung errichtet wurde, sowie der Bayart-Turm hervor. Aber auch seine engen Gässlein und die kleinen gewölbten Weinkeller, in denen aus dem Fass degustiert werden kann, laden zu einem Halte ein. Leytron, Chamoson, St-Pierre-de-Clages verfügen über einen der prächtigsten Rebberge, der sich auf den Aufschüttungen und Ablagerungen der Flüsse und Bäche zu sanften Hängen zusammenfügt. Hier befindet sich die Heimat des Johannisberg mit seinem süssen Duft, der an blühende Mandelbäume erinnert.

fois capitale, capitale du Valais et capitale du Fendant. Comment s'en étonner en constatant l'extraordinaire exposition de ses vignes. Grimpant à l'assaut de la montagne, étagées en innombrables et étroits tablars soutenus par des mûrs d'une hauteur parfois vertigineuse. Passé Sion, voici St-Léonard, Granges, Ollon, puis la région de Sierre, pays du soleil réputé pour ses vins rouges. C'est au printemps qu'il faudrait visiter la région lorsque les gens d'Anniviers descendent cultiver les vignes bourgeoisiales aux sons des fifres et tambours. Il y a quelques années, ils récoltaient à Sierre l'ancienne Rèze qu'ils emmenaient dans leurs villages pour y faire le légendaire vin des glaciers. De Sierre en poursuivant vers le Haut-Valais, la route du vignoble conduit à Salquenen. Terroir de prédilection pour le noble Pinot, son vignoble produit des vins rouges dont la réputation a largement franchi les limites du canton. La route du vignoble serpente encore jusqu'à Varen pour rejoindre ensuite Loèche. A l'est, le domaine de Lichten ponctue l'étendue du vignoble valaisan qui n'a plus connu d'interruption depuis Martigny. Vers le Haut-Valais, les vignes s'éparpillent encore dans diverses communes. Le vignoble haut-valaisan ne mérite pourtant jamais aussi bien son nom qu'à Visperterminen, où la vigne s'élève jusque vers 1100 mètres d'altitude. Ce n'est que grâce au foehn que le raisin y arrive à maturité et fournit le fameux Païen.

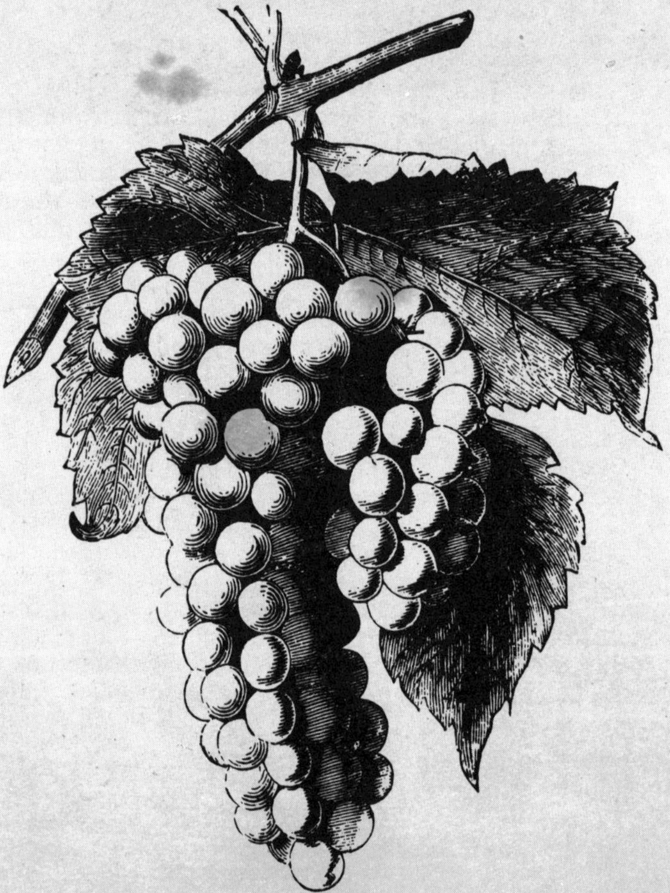

Die Weinberge von Ardon, Vétroz und Conthey stellen einen erstaunlichen Kontrast dar mit ihren Parzellen, die hoch oben zwischen den Felsen wie Vogelnester eingebettet sind, und denjenigen, welche sich in der Ebene befinden. Auch diese Region erzeugt sehr gute Weine; Vétroz ist vor allem für seinen ausgezeichneten Amigne bekannt. Nach dem Weinberg von Mont d'Or erreicht man die Hauptstadt Sitten. Sie ist im doppelten Sinne Hauptstadt: Einmal ist sie die Kapitale des Kantons, zum andern ist sie die Hochburg des Fendant. Das ist durchaus nicht erstaunlich, wenn man die ausserordentlich begünstigte Lage ihres Weinbergs betrachtet. Von der Sonne verwöhnt, in Terrassen angelegt, die oft in steilen Hängen von schwindelerregend hohen Steinmauern unterstützt sind, präsentiert sich der Sittener Weinberg als ein von der Natur bevorzugtes Kind. Über St-Léonard, Granges und Ollon kommt man nach Siders, dem Land der Sonne und berühmt für seine edlen Rotweine. Im Frühling ist der Zeitpunkt ideal für einen Rebbergbesuch, wenn die Leute aus dem Eifischtal (Val d'Anniviers) ins Rhonetal hinabziehen, um in den Reben der Burgergemeinde zu arbeiten; dies ist eine Gelegenheit für ganze Dorfschaften, sich in Begleitung ihrer Tambouren und Pfeifer ins Tal hinabzubegeben. Noch bis vor einigen Jahren kultivierten sie in Siders den alten Rèze, den sie in ihren Dörfern kelterten und aus dem ihr legendärer Gletscherwein wurde, der nur bei ganz besonderen festlichen Anlässen zum Ausschank kam. Von Siders führt die Weinbergstrasse ins grösste Walliser Winzerdorf, nach Salgesch. Hier ist der noble Pinot noir König, und der Rebberg produziert Rotweine, die auch weit über die Kantonsgrenze hinaus einen äusserst hervorragenden Ruf geniessen. Die Weinbergstrasse schlängelt sich noch bis Varen und Leuk durch. Im Osten bildet die »Domaine de Lichten« die Grenze dieses grosszügigen Walliser Weinbergs, der seit Martigny niemals unterbrochen wurde. Im Oberwallis treten vereinzelt noch Rebberge auf, aber sie sind kaum erwähnenswert - mit Ausnahme derjenigen von Visperterminen, die sich bis auf eine Höhe von 1.000 Metern hinaufschwingen. Aus seinen Trauben, die dank eines Föhneinflusses zum Reifen kommen, wird der eher rare Heida oder Heidenwein hergestellt. Er ist so selten, dass man ihn im Handel kaum antrifft.

Fendant

De tous les cépages valaisans, le chasselas fendant est le plus fidèle interprète du terroir qui le produit. Vous reconnaîtrez le plan de chasselas fendant à ses feuilles à cinq lobes, à ses grappes longues et compactes, aux grains qui se fendent sous la pression du doigt. Le Fendant est un vin plein de soleil qui convient à chaque repas, qui est à l'aise partout et toujours.
Caractéristiques: Le Fendant est un vin blanc sec et fruité.

Johannisberg

Il peut se flatter d'être connu sous trois noms. Celui de son cépage: le sylvaner. Celui que lui donne le vigneron: le rhin. Enfin, celui de son appellation d'origine valaisanne: le Johannisberg. Sa grappe, de taille moyenne, s'enfle de grains ronds, verts, très serrés. Le Johannisberg est le vin des jours de fête, le vin des grandes occasions, le gourmet des gourmets.
Caractéristiques: Le Johannisberg est un vin blanc corsé, bouqueté et délicieusement fin.

Amigne

De grosses feuilles peu découpées, couvertes d'un léger duvet et de longues grappes aux pédoncules très allongés, l'Amigne est un cépage autochtone qui mêle en ses effluves des senteurs forestières. Sa saveur est toute de finesse et de distinction.
Caractéristiques: L'Amigne est un vin blanc noble, tendre et ravigotant au bouquet très marqué.

Fendant

Von sämtlichen Walliser Rebsorten ist es der Chasselas Fendant, der das Typische seines »Terroirs« am treffendsten wiedergibt. Sie erkennen die Rebe des Fendant an ihren fünflappigen Blättern und länglichen Trauben. Der Fendant ist ein unkomplizierter Wein, frisch und frank, ein Wein zu jeder Mahlzeit.
Charakteristik: Der Fendant ist ein trockener, fruchtiger Weisswein, der zu allem passt.

Johannisberg

Er darf sich rühmen, unter drei Namen bekannt zu sein: Sylvaner, Rhin, Johannisberg. Seine mittelgrosse Traube setzt sich aus runden, braungetüpfelten grünen Beeren zusammen. Der Johannisberg kommt an Festtagen und zu besonderen Gelegenheiten auf den Tisch. Die schieferhaltigen Geröllhalden im Wallis verleihen ihm sein durchdringendes Bouquet und seine berühmte Finesse.
Charakteristik: Der Johannisberg ist körperreich, gehaltvoll und blumig, rassig aber gleichwohl weich und zart.

Amigne

Grosse, wenig eingeschnittene Blätter mit leichtem Flaumhaarbelag und längliche Trauben. Als Urrebsorte mischt der Amigne in seinen Duft den Geruch der Wälder. Der Amigne ist goldgelb, gefällig und geschmeidig. Er weist eine etwas verhaltene Süsse auf.
Charakteristik: Der Amigne ist ein harmonischer, vornehmer Weisswein mit sehr aparten Duftstoffen.

Ermitage

La végétation de ce cépage identifié sous le nom de marsanne blanche se caractérise par des feuilles très bulbées et de petits grains verts cuivrés au soleil. D'une généreuse fragrance, l'Ermitage séduit par sa robustesse enrobée d'un velours auquel les années ajoutent une suave onction.
Caractéristiques: L'Ermitage est un vin blanc moelleux et velouté qui convient à l'apéritif ou comme vin de dessert.

Malvoisie

Combien son genre féminin de Malvoisie s'accorde mieux à sa séduction que son nom de cépage de pinot gris. C'est la dorée et gracieuse réplique du masculin pinot noir, dont elle ne se distingue que par ses grains de raisin d'un gris perlé. Une robe jaune doré, un parfum exquis. C'est un vin plein de nuances, tantôt tendre, tantôt rude, tantôt rêveur, toujours enchanteur.
Caractéristiques: La Malvoisie est le vin le plus riche, le plus capiteux et le plus élégant du Valais. Il atteint un degré d'alcool élevé.

Ermitage

Man erkennt dieses Rebengewächs an seinen wulstigen Blättern und seinen Trauben aus kleinen grünen Beeren, die bei Sonnenschein kupferfarben schimmern. Der Ermitage bezaubert durch seine in Samt gekleidete Robustheit, der die Jahre eine liebliche Note verleihen.
Charakteristik: Der Ermitage ist ein milder und zugleich kraftvoller Weisswein, hervorragend als Aperitif oder Dessertwein geeignet.

Malvoisie

Wieviel besser passt diese im französischen Wallis übliche weibliche Bezeichnung des Malvoisie zu seiner Verführungskunst als ihr nüchterner Rebsortenname Grauer Burgunder! Er ist die goldene, liebreiche Nachbildung des Blauburgunders, von dem er sich durch das rosaschimmernde Perlgrau seiner Beeren unterscheidet. Eine Robe in sattem Gold, ein Wein voll Tugendhaftigkeit, und doch ein Wein am Rande der Leidenschaft, bald impulsiv, bald zart.
Charakteristik: Der Malvoisie ist einer der gehaltvollsten, stärksten und elegantesten Walliser Weine. Seine Trauben erreichen einen hohen Zuckergehalt.

Petite Arvine

Encore un plan qui porte en son blason les treize étoiles valaisannes. Alors que les jeunes feuilles se silhouettent par des dents aiguës, elles deviennent, à l'âge adulte, minces et souples. Les grappes sont souvent ailées, à petits grains ronds.
Quelle savante éloquence que celle de la Petite Arvine, au parler incisif et nerveux de ses jeunes années, devenant voluptueux avec le temps.
Caractéristiques: La Petite Arvine est un vin de dessert corsé et viril. On l'apprécie également à l'apéritif.

Dôle

La Dôle est incontestablement le vin rouge suisse le plus connu. La Dôle n'est pas un cépage. C'est un vin issu du mariage entre le pinot noir et le gamay. Il vous sera aisé de différencier une grappe de gamay de celle d'un pinot noir: la première est longue avec des grains de moyenne grosseur, alors que la seconde est petite, tassée, avec de petits grains.
Caractéristiques: La Dôle est un vin corsé, ample et harmonieux. C'est aux raisins du pinot noir qu'elle doit son tempérament et son bouquet, le gamay lui apportant sa robustesse et son fruité. La loi ajoute l'obligation d'un sondage minimum contrôlé pour bénéficier de l'appellation d'origine Dôle du Valais.

Petite Arvine

Noch ein Rebengewächs, das in seinem Wappen die dreizehn Walliser Sterne trägt. Während sich die jungen Blätter durch spitze Zacken hervorheben, sind sie im ausgewachsenen Zustand schmal und geschmeidig. Die Trauben tragen kleine runde Beeren.
Welch geschickte Beredsamkeit zeigt dieser Petite Arvine: erregt fabulierend in jungen Jahren, wird er mit der Zeit geradezu wollüstig. Ein Göttertrank.
Charakteristik: Der Arvine ist ein kräftiger, nerviger Dessertwein. Arvine passt auch zum Aperitif.

Dôle

Bestimmt ist der Dôle der bekannteste Schweizer Rotwein. Es gibt keine Traubensorte, die Dôle heisst. Der zu Dôle verarbeitete Wein entsteht aus den Trauben des Pinot noir (Blauburgunder) und des Gamay. Es wird Ihnen leichtfallen, die Gamaytraube von jener des Blauburgunders zu unterscheiden: erstere ist länglich mit mittelgrossen Beeren, während letztere klein ist mit dicht aneinandergepressten Beerchen.
Charakteristik: Der Dôle ist körperreich, rund und harmonisch. Der Pinot bringt ihm seine Rasse, seinen Körper und sein Bukett, der Gamay seine Robustheit und seine Fruchtigkeit. Der Dôle wird strengen offiziellen Qualitäskontrollen unterstellt. Nur Traubengut, dessen Zuckergehalt den festgesetzten Grad erreicht, darf als Dôle bezeichnet werden.

La truite au Muscat

Truites, Muscat, échalotes, estragon, laurier, poivre en grain, oeufs, crème, citron, fécule.

Dans une petite casserole, mettre 1 dl de Muscat du Valais, 1 à 2 échalotes hachées, quelques feuilles d'estragon, 1 petit morceau de feuille de laurier et quelques grains de poivre. Porter à ébullition, couvrir et sur tout petit feu, laisser infuser durant 10 minutes. Passer à la passoire fine et ajouter 2 dl de Muscat frais. Dans un plat à four, ranger les truites. Mouiller du vin aromatisé, saler légèrement et couvrir le plat d'une feuille d'alu. Glisser au four préchauffé à bonne température. Après 10 minutes, tourner les truites, poursuivre la cuisson à nouveau 10 minutes, mais sans couvrir. Par ailleurs, dans une petite casserole, battre 2 jaunes d'oeuf avec 2 dl de crème, quelques gouttes de citron et 1 cuillerée à café de fécule; travailler. Lorsque les truites sont cuites, verser le fond de cuisson sur le mélange oeufs-crème. En le travaillant au fouet, porter à ébullition. Laisser prendre consistance et napper les truites.
Vin d'accompagnement: Fendant, Muscat

le muscat est un vin aromatique qui parfume merveilleusement les poissons.

Forellen an Muscat

Forellen, Muskatwein, Schalotten, Estragon, Lorbeerblatt, Pfefferkörner, Eier, Rahm, Zitrone, Stärkemehl.

1 dl Walliser Muskatwein, 1–2 gehackte Schalotten, einige Blätter Estragon, 1 kleines Stück Lorbeerblatt und einige Pfefferkörner in einen kleinen Topf geben. Alles aufkochen lassen und in bedecktem Topf bei kleinem Feuer etwa 10 Minuten ziehen lassen. Durch ein Sieb giessen und mit 2 dl Muskatwein ausspülen. Die Forellen nebeneinander in eine Auflaufform legen. Mit dem aromatisierten Wein begiessen, leicht salzen und mit einer Alufolie bedecken. In den gut vorgeheizten Ofen schieben. Nach 10 Minuten die Forellen wenden und nochmals 10 Minuten backen, diesmal unbedeckt. 2 Eigelb mit 2 dl Rahm, einigen Tropfen Zitronensaft und 1 Kaffeelöffel Stärkemehl verquirlen. Sobald die Forellen gar sind, den Kochsud unter die Eier-Rahmmasse rühren. Mit dem Schneebesen quirlen und zum Kochen bringen, bis die Sauce dickflüssig wird. Dann über die Forellen giessen.
Wein am Tisch: Fendant, Muscat

La truite au Pinot noir

Truites, Pinot noir, dépouilles de poisson, 1 poireau, carotte, céleri, oignon piqué d'un clou de girofle, feuille de laurier, beurre, farine.

Préparer un fumet de poisson en mettant les dépouilles de poisson et les légumes dans de l'eau. Après 30 minutes de cuisson et de réduction, passer le liquide. Ajouter un volume identique de Pinot noir. Ranger les truites dans une cocotte, les unes contre les autres. Mouiller de la préparation tiède qui doit à peu près les recouvrir. Porter à ébullition en prenant soin de bien fermer la cocotte. Lorsque l'ébullition se déclarera, retirer du feu et laisser la cuisson se poursuivre pendant 5 minutes dans la cocotte toujours couverte. Par ailleurs, monter un roux brun en rôtissant 30 g de farine dans 40 g de beurre. Lorsque le mélange a pris une belle teinte brune, mouillez-le du fond de cuisson. Travailler au fouet pour lier la sauce. Saler et rectifier l'assaisonnement. En napper les truites préalablement rangées sur un plat.
Vin d'accompagnement: Johannisberg, Oeil-de-Perdrix

Forelle in Pinot noir

Forellen, Pinot noir, Fischköpfe, -gräten und -schwänze, 1 Lauch, Rüebli, Sellerie, Zwiebel mit Gewürznelke, Lorbeerblatt, Butter, Mehl.

Einen Fischsud mit den Fischköpfen, -gräten, -schwänzen und dem Gemüse zubereiten. Nach 30 Minuten Kochen und Verdampfen den Sud durch ein Sieb giessen und mit der gleichen Menge Pinot noir auffüllen. Die Forellen in einem Topf nebeneinander legen. Mit dem warmen Sud begiessen, der sie fast bedecken sollte. Mit einem gut schliessenden Deckel versehen und zum Kochen bringen. Sobald es zum Aufkochen kommt, vom Feuer nehmen und noch 5 Minuten im geschlossenen Topf ziehen lassen. Eine Schwitze mit 30 g Mehl und 40 g Butter zum Bräunen bringen und mit dem Kochsud löschen. Mit dem Schneebesen zu einer gut gebundenen, flüssigen Sauce schlagen. Salzen und abschmecken. Die Forellen auf einer Platte anrichten und mit der Sauce begiessen.
Wein am Tisch: Johannisberg, Oeil-de-Perdrix

Für dieses Rezept ist nicht unbedingt eine erstklassige frische Forelle nötig. (evtl. tiefgefroren)

La truite au fromage de Bagnes

Truites, fromage de Bagnes, farine, beurre, sel, poivre, épices, Fendant.

Vider la truite par les ouies de façon à ne pas lui ouvrir le ventre. Farcir la truite ainsi préparée de bâtonnets de fromage de Bagnes fondant bien. Enfariner le poisson, le cuire à la poêle avec un abondant beurre noisette, rôtir les deux faces. Saler, poivrer, épicer chacune des faces en cours de cuisson. Cuire à feu doux de façon à ce que le fromage ait le temps de fondre parfaitement. Retirer le poisson du feu, déglacer la poêle avec un verre de Fendant. Laisser bouillir ce fond de cuisson pendant une petite minute. En napper le poisson.
Vin d'accompagnement: Fendant

Käseforelle

Forellen, Bagnes-Käse, Mehl, Butter, Salz, Pfeffer, Gewürze, Fendant.

Die Forellen durch die Kiemenöffnung ausweiden, ohne dabei die Bauchhaut aufzureissen. Aus einem gut schmelzenden Bagnes-Käse Stäbchen schneiden, mit denen man den Fisch füllt. Den Fisch in Mehl wenden, in einer Bratpfanne mit viel Butter beidseitig braten. Salzen, pfeffern und während der Kochzeit jede Seite würzen. Bei schwachem Feuer kochen, damit der Käse Zeit hat, durchzuschmelzen. Den Fisch vom Feuer nehmen und die Pfanne mit einem Glas Fendant ablöschen; bei starkem Feuer noch eine Minute kochen lassen. Mit dieser Sauce den Fisch besprengen.
Wein am Tisch: Fendant

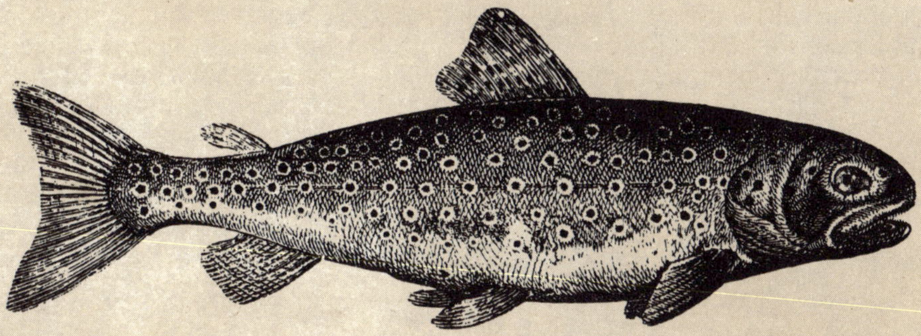

Les cuisses de grenouilles flambées au marc de Dôle

Cuisses de grenouilles, marc de Dôle, beurre, échalotes, persil, gousses d'ail.

Mettre dans une poêle, sur feu doux, un bon morceau de beurre frais, y faire revenir les échalotes émincées et les laisser blondir. Ajouter ensuite le persil et l'ail. Réduire le feu de façon à ce que ce mélange ne prenne pas couleur et poursuivre l'opération pendant 5 bonnes minutes pour donner au beurre le goût de ces ingrédients. Passer le mélange dans une passoire et réserver pour le réincorporer en fin de préparation.
Dans du beurre bien chaud, sur feu vif cette fois, précipiter les grenouilles préalablement séchées. Les sauter pour leur faire prendre légèrement couleur sur les deux faces. Baisser ensuite le feu et laisser mijoter 3, 4 minutes. Arroser la préparation d'un verre à liqueur de marc de Dôle. Flamber. Sauter les cuisses de grenouilles de façon à ce que l'alcool les frôle de partout. A la fin du flambage, incorporer le mélange d'aromatisation que vous aviez réservé; tourner pour bien mélanger tous les constituants et servir.
Vin d'accompagnement: Arvine

Froschschenkel, mit Marc flambiert

Froschschenkel, Marc-de-Dôle, Butter, Schalotten, Petersilie, Knoblauchzehen.

In einer Bratpfanne ein grosses Stück Butter auf sanftem Feuer schmelzen, die feingehackten Schalotten hineingeben und umrühren, bis sie glasig werden. Wenn sie etwas angegoldet sind, gehackte Petersilie und die zerstossenen Knoblauchzehen beifügen. Das Feuer weiter vermindern, damit diese Mischung nicht Farbe annimmt. Das Ganze dauert etwa fünf Minuten, bis die Butter das Aroma und den Geschmack dieser Ingredienzen aufgenommen hat. Die Mischung durch ein Sieb geben und beiseite stellen; sie wird am Ende der Zubereitung benötigt.
Die zuvor abgetrockneten Froschschenkel werden in sehr heisse Butter gegeben. Bei starkem Feuer aufschwitzen lassen, so dass sie beidseitig Farbe annehmen. Dann das Feuer sofort abschwächen – die Schenkel sollen nicht zu stark rösten – und 3 bis 4 Minuten köcheln lassen. Mit einem Likörglas Marc-de-Dôle benetzen und flambieren. Dabei die Froschschenkel wenden, damit der Alkohol überall eindringen kann. Zuletzt gibt man die bereits durchs Sieb passierte aromatische Mischung hinein. Gut rühren, damit alle Ingredienzen gut vermengt sind. Dann servieren.
Wein am Tisch: Arvine

Der Marc-de-Dôle kann durch einen Lie ersetzt werden.

Les suprêmes de volaille au Muscat

Filets de volaille (suprêmes), sel, poivre, beurre, farine, échalotes, crème, Muscat.

Prélever sur de belles volailles jeunes et grasses, 8 filets. Retirer la peau et aplatir à la batte. Saler, poivrer et passer à la farine. Sauter les filets au beurre, sans les griller. Les retirer dès qu'ils sont cuits. Tenir au chaud. Dans la même poêle, faire revenir quelques échalotes hachées. Déglacer avec du Muscat. Laisser réduire puis ajouter la crème. Laisser prendre consistance et ajouter quelques pointes de beurre en fouettant. Lorsque la sauce est à point, assaisonner en parfumant légèrement au Muscat. Napper les suprêmes de volaille avec cette sauce et servir.
Vin d'accompagnement: Johannisberg, Goron

On peut servir la sauce à part dans une saucière

Suprêmes de Volaille an Muscat

Geflügelfilets (Suprêmes), Salz, Pfeffer, Butter, Mehl, Schalotten, Rahm, Muskatwein.

Von 8 Filetstücken feinsten Geflügels die Haut abziehen, flachdrükken. Salzen, pfeffern und leicht in Mehl wenden. Die Filetstücke einige Minuten in Butter schmoren bis zu leichter Bräunung. Aus der Pfanne nehmen und warm stellen. In der gleichen Pfanne einige feingehackte Schalotten leicht glasig schmoren. Mit dem Muskatwein abschrecken und reduzieren. Rahm beifügen und einkochen lassen. Einige Butterflocken hinzugeben und mit dem Schneebesen verschlagen. Wenn die Sauce gut gekocht ist, würzen und mit etwas Muskat parfümieren. Die Geflügelfilets mit der Sauce begiessen und servieren.
Wein am Tisch: Johannisberg, Goron

Les suprêmes de volaille au fromage du pays

Poitrines de poulardes, tranches de jambon cru, fromage du pays, tranches de lard fumé, Matignon, Fendant, beurre, sel, poivre, bouquet de persil, fond brun lié.

Préparer tout d'abord une polenta traditionnelle que vous dresserez sur un plat en formant 4 socles ovales.

Geflügelsuprêmes an Walliser Käse

Geflügelbrüstchen, Rohschinkentranchen, Walliser Käse, Räucherspeck (in Streifen geschnitten), Matignon, Fendant, Butter, Salz, Pfeffer, Petersilie, gebundener brauner Bratenfond.

Zuerst bereitet man eine herkömmliche Polenta zu, die auf einer Pfanne derart angerichtet wird, dass 4 ovale Sockel gebildet werden.

Pendant la cuisson de la polenta, prendre les 4 poitrines de poulardes et les inciser dans le sens de la longueur, sous les filets des poitrines. Enrouler le fromage du pays dans les tranches de jambon cru. Placer les rouleaux ainsi faits dans les incisions des poitrines et mettre les filets par dessus. Barder le tout avec les tranches de lard et fixer avec un cure-dents.
Faire revenir au beurre pendant 8 à 10 minutes les quatre poitrines sans trop les colorer. Ajouter le Matignon et assaisonner. Laisser rôtir encore 3 à 4 minutes. Déglacer avec le Fendant. Retirer les poitrines, les dresser sur les socles de polenta en les recouvrant des tranches de fromage du pays. Passer le plat au four pour laisser fondre le fromage. Ajouter au fond de cuisson le fond brun lié, cuire 1 à 2 minutes. Rectifier l'assaisonnement et passer la sauce. Sortir les poulardes du four et verser la sauce autour des poitrines.
Garnir le plat avec un joli bouquet de persil.

Während die Polenta kocht, bereitet man die 4 Geflügelbrüstchen zu; sie werden der Länge nach eingeschnitten, unter den Brustfilets. Jetzt wird der Walliser Käse in die Schinkentranchen eingerollt, diese werden in die eingeschnittenen Geflügelbrüstchen gelegt und mit den Filets bedeckt. Das Ganze alsdann mit den Speckstreifen umwickeln und mit einem Zahnstocher befestigen.
In Butter die 4 Geflügelbrüstchen während 8 bis 10 Minuten backen, ohne dass sie jedoch zu stark Farbe annehmen. Den Matignon beifügen, würzen. Noch 3 bis 4 Minuten schmoren lassen. Mit Fendant ablöschen. Die Geflügelbrüstchen aus der Pfanne nehmen und auf den Polentasockeln anrichten und mit den Walliser Käsescheiben bedekken. Pfanne in den Ofen schieben und den Käse zum Schmelzen bringen. Dem Bratenfond die braune gebundene Sauce beifügen und 1 bis 2 Minuten kochen. Abschmecken und die Sauce passieren.
Die Geflügel aus dem Ofen nehmen und die Brüstchen mit der Sauce begiessen.
Mit einem Petersilienbouquet garnieren.

Le lapin mariné au Fendant

1 bouteille de Fendant, 1 beau lapin, 2 carottes, 1 céleri, 2 échalotes piquées de clous de girofles, feuilles de laurier, baies de genièvre, farine, 1 oignon, bolets, sel, poivre, crème, huile.

Faire une marinade avec les carottes et le céleri coupés en bâtonnets, les échalotes, le laurier, le genièvre et le Fendant. Laisser mariner le lapin pendant 48 heures dans cette marinade, l'égoutter et l'essuyer soigneusement. Le rôtir à l'huile dans une cocotte, l'assaisonner, saupoudrer de farine et mouiller avec la marinade passée. Etuver les oignons émincés avec les bolets et ajouter au lapin. Cuire 60 à 75 minutes. Quelques minutes avant de servir, ajouter un peu de crème.
Vin d'accompagnement: Fendant, Dôle

le lapin est souvent servi avec de la polenta

Les filets de lapin au thym et au poivre vert

1 lapin frais, sel, poivre, thym, huile d'olive, 3 gousses d'ail, lard fumé, poivre vert en grain, Fendant, crème.

Prendre le lapin, lui retirer les 2 filets du dos, enlever les nerfs qui les recouvrent, saler, poivrer, mettre des brindilles de thym. Dans une petite brasière, mettre de l'huile d'olive, du lard fumé préalablement débité en petits carrelets, 3 gousses d'ail. Bien faire rissoler. Ajouter les filets de lapin en les retournant. Cuire au maximum 5 minutes, puis re-

Kaninchen an Fendant-Marinade

1 Flasche Fendant, 1 schönes Kaninchen, 2 Rüebli, 1 Sellerie, 2 Schalotten (mit Gewürznelken bespickt), Lorbeerblätter, einige Wacholderbeeren, Mehl, 1 Zwiebel, Steinpilze, Salz, Pfeffer, Rahm, Fett.

Mit den in kleine Stengel geschnittenen Rüebli und dem Sellerie, den Schalotten, Lorbeerblättern, Wacholderbeeren und dem Fendant eine Marinade bereitstellen. Das Kaninchen 48 Stunden in der Marinade lassen, abtropfen und sorgfältig abtrocknen. Im Schmortopf anbraten, würzen, Mehl darüber streuen und mit der passierten Marinade übergiessen. Die gehackte Zwiebel mit den Steinpilzen dämpfen und dem Kaninchen beifügen. Ca. 60 bis 75 Minuten kochen. Einige Minuten vor dem Servieren etwas Rahm beifügen.
Wein am Tisch: Fendant, Dôle

Kaninchenfilets an Thymian und Grünpfeffer

1 frisches Kaninchen, Salz, Pfeffer, Thymian, Olivenöl, 3 Knoblauchzehen, Räucherspeck, Grünpfeffer in Körnern, Fendant, Rahm.

Die 2 Filets am Kaninchenrücken herausnehmen, die Nerven entfernen, salzen, pfeffern, mit Thymian-Reislein bedecken. In einer kleinen Pfanne die kleingeschnittenen Speckwürfel und 3 Knoblauchzehen im Olivenöl goldbraun braten. Die Kaninchenfilets beigeben unter regelmässigem Umdrehen.

tirer les filets. Jeter la garniture (ail, lard) et la graisse, écraser 1 cuillerée de poivre vert en grains dans la brasière. Déglacer avec 1 petit verre de Fendant et ajouter un bon décilitre de crème. Laisser épaissir un peu, découper les filets et les servir avec la sauce.
Vin d'accompagnement: Dôle

Höchstens 5 Minuten mitbraten, dann die Filets herausnehmen. Nun die Garnitur (Knoblauch und Speck) sowie das Fett wegschütten, 1 Löffel grüne Pfefferkörner zermalmen und in die Pfanne geben. Mit einem kleinen Glas Fendant ablöschen und einen guten Deziliter Rahm beifügen. Etwas einkochen lassen, dann die Filets zerschneiden und mit der Sauce servieren.
Wein am Tisch: Dôle

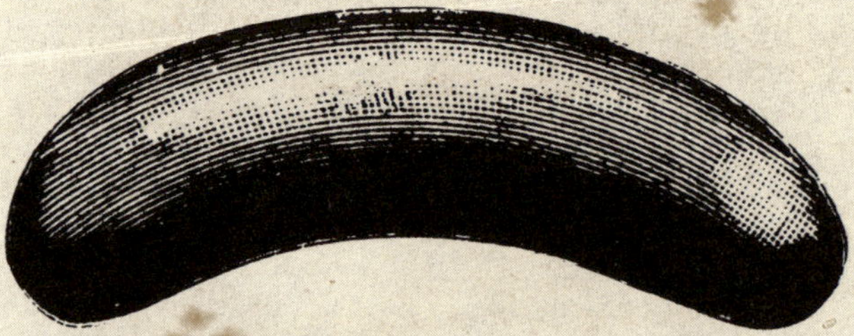

Le saucisson au marc-de-Dôle

1 saucisson, 1 dl marc-de-Dôle.

Percer le saucisson à plusieurs endroits avec une aiguille fine. Le placer sur une feuille d'alu. L'arroser de marc-de-Dôle. Former un paquet bien fermé contre en haut. Le placer au four chauffé à 160°. Etuver pendant 35 à 40 minutes environ. A mi-cuisson, secouer un peu le paquet afin que le marc se répartisse bien sur le saucisson. Couper le saucisson en tranches, les répartir sur un plat chauffé préalablement et les arroser de jus de la cuisson. On peut en plus flamber le saucisson à table. Le goût du marc sera un peu plus prononcé.
Vin d'accompagnement: Goron

Saucisson an Marc-de-Dôle

1 Saucisson, 1 dl marc-de-Dôle

Die Wurst mit einer feinen Nadel einstechen. Auf eine Alufolie legen und mit Marc-de-Dôle begiessen. Wie ein Paket einpacken, Verschluss oben. Im vorgeheizten Ofen bei 160° 35 bis 40 Minuten schmoren lassen. In der Mitte der Kochzeit das Paket etwas schütteln, damit sich der Marc gut auf der Wurst verteilen kann. Die Wurst in Scheiben schneiden und auf einer vorgewärmten Platte anrichten. Den Kochsaft darüber giessen. Man kann die Wurst auch flambieren. Der Geschmack des Marc kommt dadurch noch besser zur Geltung.
Wein am Tisch: Goron

Les escalopes valaisannes

Escalopes de porc prises dans le coin et entaillées par le boucher pour farcir, moutarde, abricots secs, Fendant, beurre, jambon, persil, pignons ou amandes mondées, fromage à raclette en petits dés, huile, sel, poivre.

Badigeonner les escalopes avec la moutarde, sur une face. Préparer une farce de la façon suivante. Hacher les abricots secs et les arroser avec un peu de Fendant, puis les laisser gonfler pendant 10 minutes. Faire fondre le beurre dans la poêle et y étuver pendant quelques instants le jambon et un peu de persil. Laisser tiédir. Hacher fin les pignons ou les amandes mondées. Mélanger tous les ingrédients ci-dessus aux abricots, en ajoutant également le fromage à raclette coupé en petits dés. Farcir alors les escalopes comme des cordons-bleus et fixer à l'aide de cure-dents. Faire chauffer l'huile dans la poêle et faire dorer doucement les escalopes, 5 minutes environ de chaque côté. Assaisonner les escalopes de part et d'autre avec le sel et le poivre du moulin.
Vin d'accompagnement: Fendant, Rosé

Le carré de porc 13 étoiles

Carré de porc, cidre, oignon piqué de laurier et de clous de girofle, pommes Golden, sel, poivre, épices.

Rôtir le carré de porc au four. Lorsque la viande est bien colorée, de tous les côtés, dégraisser la cocotte.

Walliser Schnitzel

Schweinsschnitzel (vom Metzger einkerben lassen für die Füllung), Senf, gedörrte Aprikosen, Fendant, Butter, Schinken, Petersilie, Piniennüsse oder geschälte Mandeln, Raclettekäse, in kleine Würfel geschnitten, Öl, Salz, Pfeffer.

Die Schnitzel auf einer Seite mit Senf bestreichen. Für die Füllung die gedörrten Aprikosen fein hakken, mit etwas Fendant begiessen und aufgehen lassen (ca. 10 Minuten). In der Pfanne etwas Butter zerschmelzen, den Schinken und etwas gehackte Petersilie kurz andämpfen. Leicht abkühlen lassen. Die Piniennüsse oder geschälten Mandeln fein hacken. Sämtliche Zutaten unter die Aprikosen mischen und gleichzeitig den in kleine Würfel geschnittenen Raclettekäse hinzufügen. Die Kerben der Schnitzel ähnlich wie Cordons-Bleus mit dieser Mischung füllen und mit einem Zahnstocher befestigen. Das Öl in einer Pfanne erhitzen und die Schnitzel bei kleinem Feuer beidseitig je 5 Minuten goldbraun braten. Auf jeder Seite mit Salz und frisch zermahlenem Pfeffer würzen.
Wein am Tisch: Fendant, Rosé

Schweinskarree »Dreizehn Sterne«

Schweinskarree, Apfelmost, gespickte Zwiebel (Lorbeerblatt und Gewürznelken), Golden-Äpfel, Salz, Pfeffer, Gewürze.

Das Schweinskarree im Ofen bakken. Wenn das Fleisch auf allen Sei-

Mouiller le rôti avec le cidre, ajouter l'oignon piqué de laurier et de clous de girofle. Saler, poivrer et épicer, selon votre goût. Laisser mijoter au four en arrosant régulièrement jusqu'à cuisson presque complète. 15 minutes avant de servir, rajouter les pommes Golden en quartier, laisser cuire et rectifier l'assaisonnement du jus qui sera légèrement lié par la pectine des pommes. Servir le rôti, nappé de jus et garni de pommes cuites.
Vin d'accompagnement: Goron

Le rôti de porc au lait et à la moutarde

Rôti de porc, moutarde mi-forte, Fendant, lait, carottes, oignons, céleris, tomates, persil, crème.

Saler, poivrer et masser le rôti avec la moutarde. Le placer dans une cocotte étroite et couvrir la viande, moitié de Fendant, moitié de lait. Laisser macérer un jour et une nuit au frais. Egoutter la viande et la faire rôtir. Après 30 minutes de rôtissage, ajouter carottes, oignons, céleris, tomates et persil. Laisser revenir les légumes sans les noircir. Dégraisser la cocotte, puis ajouter la marinade. Couvrir et laisser cuire encore 90 minutes. Retirer la viande, passer la sauce, ajouter un peu de crème et rectifier l'assaisonnement et la liaison.
Servir avec des nouilles fraîches.
Vin d'accompagnement: Dôle

ten schön Farbe angenommen hat, die Bratpfanne entfetten. Den Braten mit dem Apfelmost übergiessen, die gespickte Zwiebel beifügen. Nach Belieben salzen, pfeffern und würzen. Im Backofen schmoren lassen. Regelmässig mit dem Bratenfond begiessen, bis die Garzeit fast erreicht ist. 15 Minuten vor dem Anrichten die geviertelten Golden-Äpfel beifügen und gar kochen. Den durch das Apfelpektin leicht gebundenen Bratensaft abschmecken. Den mit Sauce nappierten Braten anrichten und mit Salzkartoffeln garnieren.
Wein am Tisch: Goron

Schweinsbraten mit Milch und Senf

Schweinsbraten, Senf (mild), Fendant, Milch, Rüebli, Zwiebeln, Sellerie, Tomaten, Petersilie, Rahm.

Das Bratenstück salzen, pfeffern und mit Senf einreiben. In eine ziemlich schmale Kasserolle geben, zu gleichen Teilen mit Fendant und Milch bedecken und einen Tag und eine Nacht in die Kühle stellen zum Marinieren. Fleisch abtropfen. Von allen Seiten gut anbraten. 30 Minuten garen, danach die Gemüse beifügen (Rüebli, Zwiebeln, Sellerie, Tomaten, Petersilie) und mitschmoren; sie sollen sich nicht dunkel färben. Die Pfanne entfetten, dann mit der Marinade aufgiessen. Zugedeckt noch 90 Minuten kochen. Das Fleisch herausnehmen, die Sauce passieren, etwas Rahm hinzufügen und abschmecken.
Mit frischen Nudeln servieren.
Wein am Tisch: Dôle

La tortue valaisanne

1 kg carré de porc, lait, herbes aromatiques, thym, romarin, sel, poivre, ail, champignons, oignons, échalotes, tomates, 1 kg de pâte à pain de seigle, pommes Golden, farine, oeuf, Fendant.

Mettre à dessaler le carré de porc pendant 24 heures dans un bain de lait et d'eau. Sortir le carré, l'essuyer, le frotter d'un mélange d'herbes aromatiques, thym, romarin, ail, poivre noir. Laisser reposer une bonne heure. Dans une cocotte, rôtir le carré sur tous ses côtés. Par ailleurs, à feu doux, faire une duxelle composée de champignons, d'oignons, d'échalotes et de tomates. Les tomates seront préalablement pelées et évidées de leurs pépins.
Sur table enfarinée, abaisser la pâte à 6 mm d'épaisseur environ, découper deux rectangles de façon à pouvoir envelopper le carré de porc. Disposer le premier rectangle de pâte sur une plaque à pâtisserie. Sur cette abaisse, dresser un lit de pommes Golden mouillé au Fendant, y étaler la duxelle puis y déposer la viande. Recouvrir le tout du second rectangle de pâte et pincer le pourtour. Piquer assez profondément le couvercle de façon à ce que la pâte soit perforée. Réaliser autour de ces perforations des décorations en forme d'écailles de tortues. Badigeonner la tortue au jaune d'oeuf et cuire à four préchauffé à 200° pendant 60 minutes. Recouvrir ensuite de papier d'alu et laisser encore au four une quinzaine de minutes à feu réduit.
Vin d'accompagnement: Oeil-de-Perdrix, Dôle

Walliser Schildkröte

1 kg Schweinskarree, Milch, würzige Kräuter, Thymian, Rosmarin, Salz, Pfeffer, Knoblauch, Champignons, Zwiebeln, Schalotten, Tomaten, 1 kg Roggenbrotteig, Golden-Äpfel, Mehl, Ei, Fendant.

Das Fleisch während 24 Stunden in einem Milch-Wasserbad entsalzen. Herausnehmen, abtrocknen, mit der Kräutermischung, dem Thymian, Rosmarin, Knoblauch und schwarzen Pfeffer einreiben. Eine gute Stunde ruhen lassen. Das Karree in einem Brattopf auf allen Seiten anbraten. Auf kleiner Hitze eine Einkochung aus Champignons, Zwiebeln, Schalotten und Tomaten bereiten. Die Tomaten vorher schälen und entkernen.
Auf bemehltem Tisch den Brotteig in 6 mm Dicke auswallen und in 2 Rechtecke schneiden, damit das Schweinskarree darin eingehüllt werden kann. Das erste Rechteck auf ein Kuchenblech legen. Auf diese Grundlage in Fendant angefeuchtete Apfelscheiben gitterartig verteilen, dann mit der Einkochung übergiessen und das Fleischstück darauf legen. Das Ganze mit dem zweiten Teigrechteck bedecken; die Teigteile rundum mit den Fingern andrücken. Den Deckel genügend tief einstechen. Um die Einstiche herum Verzierungen in Form der Schuppen eines Schildkrötenpanzers anbringen. Die Schildkröte mit Eigelb bestreichen und im vorgeheizten Backofen (200°) während 60 Minuten backen. Alsdann in Alufolie einwickeln und noch ca. 15 Minuten im Ofen bei reduzierter Hitze belassen. Wein am Tisch: Oeil-de-Perdrix, Dôle

Les médaillons de porc ou de veau au vin blanc

Filet de porc ou de veau, sel, poivre, sauge, romarin, moutarde, gousse d'ail écrasé, farine, margarine, Fendant, crème, persil haché, condiment en poudre.

Couper en tranches minces le filet. Mélanger les épices, la moutarde et la gousse d'ail écrasé et badigeonner les médaillons. Passer ensuite ceux-ci dans la farine. Chauffer la margarine et faire revenir rapidement la viande des deux côtés. Retirer de la poêle. Verser le Fendant dans la poêle et laisser réduire quelques instants. Affiner la sauce avec la crème et rectifier l'assaisonnement avec le persil haché et le condiment en poudre. Remettre les médaillons dans la sauce, laisser chauffer sans cuire.
Vin d'accompagnement: Johannisberg, Oeil-de-Perdrix

Le jarret de veau aux petits légumes

1 joli jarret de veau, lard, sel, poivre, céleri pomme, céleri branche, oignon, carotte, champignons, eau-de-vie de pomme, beurre, Fendant, sauce demi-glace, crème fraîche, persil.

Pour trois personnes, désosser le jarret et le couper en trois morceaux dans le sens de la longueur, larder également dans le même sens, saler, poivrer. Rôtir à feu vif sur toutes les faces et flamber à l'eau-de-vie de pomme. Retirer la viande. Ajouter

Schweins- oder Kalbsmedaillons an Weisswein

Schweins- oder Kalbsfilet, Salz, Pfeffer, Salbei, Rosmarin, Senf, 1 zerdrückte Knoblauchzehe, Mehl, Margarine, Fendant, Rahm, gehackte Petersilie, Pudergewürze.

Die Fleischfilets in dünne Scheiben schneiden. Gewürze, Senf und Knoblauch mischen und damit die Filets bestreichen. Die Fleischstükke im Mehl wenden. Margarine erhitzen, das Fleisch kurz auf beiden Seiten anbraten und aus der Pfanne nehmen. Den Fendant in die Pfanne giessen und einige Momente einkochen lassen. Die Sauce mit dem Rahm verfeinern und mit Petersilie und Pudergewürzen abschmecken. Die Medaillons in die Sauce zurückgeben und kurz warm werden lassen.
Wein am Tisch: Johannisberg, Oeil-de-Perdrix

Kalbshaxe mit Gemüsegarnitur

1 schöne Kalbshaxe, Speck zum Spicken, Salz, Pfeffer, Apfelbranntwein, Knollensellerie, Stangensellerie, Zwiebel, Rüebli, Champignons, Butter, Fendant, Bratenfondsauce, frischen Rahm, Petersilie.

Für drei Personen: Nachdem man die Knochen entfernt hat, die Kalbshaxe längsweise in drei Stükke schneiden; bespicken, salzen und pfeffern. Alle Seiten auf starkem Feuer gut anbraten und mit Apfelbranntwein flambieren. Das

une noix de beurre au fond de cuisson, y faire revenir une brunoise de légumes de 300 à 400 g. Déglacer ensuite avec 2 dl de Fendant. Ajouter la sauce demi-glace en même quantité que le Fendant. Y faire mijoter le jarret à feu doux pendant environ 45 minutes. Avant de servir ajouter 2 dl de crème fraîche et parsemer de persil haché.
Vin d'accompagnement: Goron

Fleisch herausnehmen. Dem Bratenfond etwas Butter beifügen und darin ca. 300 bis 400 g in Würfel geschnittenes Gemüse andämpfen. Mit 2 dl Fendant ablöschen. Zu gleichen Teilen Fendant und Bratensauce beifügen. Die Kalbshaxe bei kleinem Feuer ca. 45 Minuten schmoren lassen. Vor dem Servieren 2 dl frischen Rahm beigeben und mit gehackter Petersilie bestreuen.
Wein am Tisch: Goron

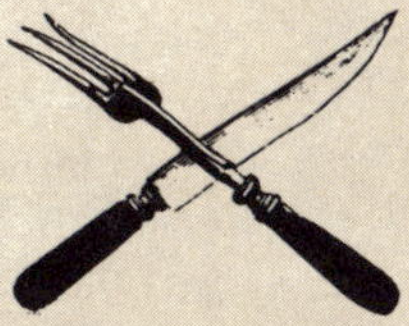

L'escalope agaunoise

Escalopes de veau coupées en portefeuille, tranches de jambon cuit, lames de fromage à raclette, tomates, sel, poivre, oeufs, panure, beurre, huile.

Faire couper et aplatir les escalopes de façon à pouvoir les farcir. Enfermer dans la tranche de jambon la lame de fromage et des tranches de tomates. Placer cette tranche de jambon farcie dans l'escalope de telle sorte que ni le fromage, ni le jus des tomates ne s'en échappent lors de la cuisson, donc bien fermer. Saler et poivrer en tenant compte du jambon et du fromage. Paner les escalopes, puis poêler au beurre et à l'huile à feu très doux afin qu'elles soient juste dorées. Servir chaud.
Vin d'accompagnement: Fendant, Goron

Kalbsschnitzel Agaunoise

Kalbsschnitzel, gekochte Schinkenschnitten, Raclettekäse (in Lamellen geschnitten), Tomaten, Salz, Pfeffer, Eier, Paniermehl, Butter, Öl.

Die Kalbsschnitzel dünn klopfen, damit die Füllung darauf gelegt werden kann. In die Schinkenschnitten eine Käselamelle und Tomatenscheiben einwickeln und derart auf das Kalbsschnitzel legen, dass weder Tomatensaft noch Käse während des Kochvorgangs auslaufen kann. Salzen und pfeffern. Die Schnitzel panieren, in Butter und Öl bei schwachem Feuer anbraten, bis sie schön Farbe angenommen haben. Heiss servieren.
Wein am Tisch: Fendant, Goron

mit Beigaben oder Reis servieren

L'émincé de veau du mazot

Emincé de veau, champignons de Paris, crème chantilly, 1 cuillerée à soupe de concentré de tomates, sel, poivre, beurre, Fendant, marc-de-Dôle.

Chauffer le beurre à la poêle sur grand feu. Faire revenir les champignons préalablement émincés. Saler légèrement pour faciliter le dégorgement de leur eau. Tourner jusqu'à ce que le liquide qu'ils auront rendu soit complètement évaporé. Incorporer alors l'émincé de veau. Tourner vivement jusqu'à ce que les morceaux commencent à prendre couleur. Flamber alors avec un petit verre de marc-de-Dôle. Lorsque les flammes seront tombées, ajouter le concentré de tomates, un verre de Fendant, le sel, le poivre. Brasser bien ce mélange. Ne laisser bouillir que légèrement. Ajouter la crème chantilly, laisser juste chauffer et servir.
Vin d'accompagnement: Johannisberg

Geschnetzeltes »Au Mazot«

Geschnetzeltes Kalbfleisch, Champignons de Paris, Schlagrahm, 1 Esslöffel Tomatenpüree, Salz, Pfeffer, Butter, Fendant, Marc-de-Dôle.

Butter in der Bratpfanne auf grossem Feuer heiss werden lassen. Champignons in feine Scheiben schneiden und mitdünsten. Leicht salzen, um das Wasser zu entziehen. Rühren, bis die ganze Flüssigkeit einkocht. Das geschnetzelte Kalbfleisch unterziehen. Stark umrühren, bis die Fleischstückchen Farbe annehmen. Mit einem kleinen Glas Marc-de-Dôle flambieren. Sobald die Flamme erlischt, das Tomatenpüree, ein Glas Fendant, Salz und Pfeffer beifügen. Diese Masse gut durcheinanderrühren und nur leicht kochen lassen. Den geschlagenen Rahm beifügen, erhitzen und servieren.
Wein am Tisch: Johannisberg

Le rizotto au safran de Mund

Lard fumé, jambon cuit, émincé de veau, riz, oignons, tomates, gousse d'ail, bouillon, thym, safran, sel, poivre.

Débiter le lard en petits carrelets, les faire revenir dans leur graisse à feu modéré. Les retirer dès qu'ils commencent à prendre couleur. Faire fondre les oignons finement hâchés dans la graisse des lardons, ajouter le riz et le faire rissoler avec les oignons. Peler, épépiner plusieurs

Safran-Risotto von Mund

Räucherspeck, gekochter Schinken, geschnetzeltes Kalbfleisch, Reis, Zwiebeln, Tomaten, Knoblauchzehe, Bouillon, Thymian, Safran, Salz, Pfeffer.

Den Speck in kleine Würfel schneiden und bei kleinem Feuer zum Schmelzen bringen. Vom Feuer nehmen, sobald die Speckstücke eine schöne braune Farbe angenommen haben. Die feingehackten Zwiebeln im Speckfett zum Dünsten bringen, den Reis hinzufügen

selon la saison on peut remplacer les tomates fraîches par une boite de tomates pelées

belles tomates, couper leur chair en petits cubes. Incorporer les tomates ainsi préparées, 1 gousse d'ail finement hâchée au riz. Mouiller d'un bon demi-litre de bouillon, ajouter du thym et du safran. Bien remuer. Lorsque le riz commence à gonfler, ajouter l'émincé de veau, le jambon cuit ainsi que les lardons. Brasser le tout, corriger l'assaisonnement et laisser encore une dizaine de minutes.
Des champignons peuvent encore enricher cette recette.
Vin d'accompagnement: Johannisberg, Dôle

Les rognons de veau à la vigneronne

Rognons de veau coupés en tranches, beurre, cognac, échalotes finement hachées, raisins frais ou raisins secs trempés dans du cognac, Fendant, sel, poivre, épices.

Chauffer le beurre dans une poêle et y rôtir les rognons de chaque côté, jusqu'à ce qu'ils ne soient plus saignants. Arroser de cognac et flamber. Retirer les rognons et les dresser sur des assiettes. Bien assaisonner. Par ailleurs, étuver rapidement les échalotes et les raisins, mouiller avec un peu de vin blanc, cuire à feu vif et verser la sauce sur la viande.
Vin d'accompagnement: Oeil-de-Perdrix

und mit den Zwiebeln goldbraun braten. Ein paar schöne Tomaten schälen, entkernen und in kleine Würfel schneiden. Die so zubereiteten Tomaten sowie 1 feingehackte Knoblauchzehe dem Reis beigeben. Mit einem guten halben Liter Bouillon übergiessen, Thymian und Safran beifügen. Gut umrühren. Wenn der Reis aufzuquellen beginnt, das geschnetzelte Kalbfleisch, den gekochten Schinken sowie die Speckwürfel darunter ziehen. Das Ganze umrühren, abschmecken und noch ca. 10 Minuten kochen lassen.
Champignons können dieses Gericht noch bereichern.
Wein am Tisch: Johannisberg, Dôle

Kalbsnierchen nach Winzerart

Kalbsnierchen, in Scheiben geschnitten, Butter, Cognac, feingehackte Schalotten, frische Traubenbeeren oder in Cognac eingelegte Rosinen, Fendant, Salz, Pfeffer, Gewürze.

Butter in einer Pfanne erhitzen. Nierchen beidseitig anbraten, bis sie nicht mehr blutig sind. Mit Cognac begiessen und flambieren. Nierchen aus der Pfanne nehmen und auf die Teller legen. Gut würzen. Schalotten und Traubenbeeren in dem Bratensaft schmoren, mit wenig Weisswein begiessen, stark aufkochen und die Sauce über das Fleisch geben.
Wein am Tisch: Oeil-de-Perdrix

La daube de boeuf à la Dôle

1 beau rôti de boeuf, coupé en morceaux, lard maigre, 5 carottes, 12 petits oignons blancs, 1 gousse d'ail, sel, poivre, thym, laurier, persil, 1 cuillerée à soupe de purée de tomate, 1 zeste d'orange, 1 branche de céleri, ½ poireau, beurre, 1 l de Dôle.

Faire vivement rôtir la viande dans le beurre. Ajouter les petits oignons, les carottes coupées en rondelles et le lard coupé en petits lardons. Faire revenir le tout. Retirer les oignons de la cocotte et les mettre de côté. Ajouter la branche de céleri, le poireau, le zeste d'orange, l'ail, la purée de tomate et la Dôle. Assaisonner. Couvrir et laisser mijoter sur le plus petit feu pendant 2 heures. Remettre alors les oignons et laisser encore mijoter un bon quart d'heure. Sortir la viande de la cocotte, faire réduire la sauce à plein feu, en napper la viande. Saupoudrer de persil et servir.
Vin d'accompagnement: Dôle

Daube de boeuf à la Dôle

Rindsbraten (in Stücke geschnitten), Magerspeck, 5 Rüebli, 12 Perlzwiebeln, 1 Knoblauchzehe, Salz, Pfeffer, Thymian, Lorbeerblatt, Petersilie, 1 Esslöffel Tomatenpüree, 1 Stück Orangenschale, 1 Zweig Selleriekraut, ½ Lauchstengel, Butter, 1 l Dôle.

Zuerst das Fleisch in Butter gut anbraten. Dann die Perlzwiebeln und die in Rädchen geschnittenen Rüebli und den ebenfalls zerkleinerten Speck zugeben und kurz mitdünsten. Die kleinen Zwiebeln aus der Pfanne nehmen und beiseite stellen. Sellerie, Lauch, Orangenschale, Knoblauch, Tomatenpüree und den Dôle dazugeben. Würzen. Das Ganze zugedeckt auf kleinem Feuer 2 Stunden schmoren lassen. Nach dieser Zeit die Zwiebelchen zugeben und weitere 20 Minuten ziehen lassen. Dann das Fleisch aus der Pfanne nehmen, die Sauce stark einkochen und über dem Fleisch anrichten. Mit gehackter Petersilie bestreuen.
Wein am Tisch: Dôle

Les côtelettes d'agneau et la purée d'oignons

Côtelettes d'agneau, beurre fondu, lait, oignons moyens, riz, sel, poivre, muscade, jaunes d'oeuf, beurre, fromage râpé.

Cuire à couvert et à petit feu pendant environ 60 minutes le lait, les oignons finement hachés et le riz. Assaisonner de sel, de poivre et de muscade. Réduire en purée à travers un tamis ou au mixer et remettre dans la casserole. Sur le feu, incorporer progressivement les jaunes d'oeuf et le beurre.
Par ailleurs, griller les côtelettes d'agneau assaisonnées de sel et de poivre dans le beurre fondu, les saisir très rapidement à feu vif. Les ranger dans un plat à gratin, les recouvrir d'une couche de purée d'oignon, les saupoudrer de fromage râpé et les arroser de beurre liquide. Les glisser au four et les gratiner rapidement à chaleur vive.
Vin d'accompagnement: Pinot noir

le pinot noir convient très bien à l'agneau

L'épaule d'agneau aux choux-raves

Epaule d'agneau désossée, Dôle, oignons, carottes, feuille de laurier, clous de girofle, poivre, sel, huile, choux-raves, bouillon.

Ficeler l'épaule pour donner à la viande une forme convenable. Préparer dans un récipient étroit, une marinade avec de la Dôle, un oignon, des carottes, une feuille de laurier et quelques clous de girofle.

Lammkoteletts mit Zwiebelpüree

Lammkoteletts, geschmolzene Butter, Milch, mittelgrosse Zwiebeln, Reis, Salz, Pfeffer, Muskatnuss, Eidotter, Butter, geriebener Käse.

Die Milch, die feingehackten Zwiebeln sowie den Reis zugedeckt bei reduziertem Feuer ca. 60 Minuten kochen. Mit Salz, Pfeffer und 1 Prise Muskatnuss abschmecken. Zu einem Püree einkochen und durch das Sieb passieren (oder Mixer). In den Topf zurückgeben und wieder auf das Feuer stellen. Die Eidotter und die Butter nacheinander einziehen.
Die mit Salz und Pfeffer gewürzten Lammkoteletts in heisser Butter rasch beidseitig anbraten. In eine Gratinform legen und mit dem Zwiebelpüree bedecken. Geriebenen Käse darüber streuen und mit flüssiger Butter begiessen. In den Ofen schieben und schnell bei hoher Temperatur überbacken.
Wein am Tisch: Pinot noir

Lammschulter mit Kohlrabi

Lammschulter (ohne Knochen), Dôle, 1 Zwiebel, Rüebli, Lorbeerblatt, Gewürznelken, Pfeffer, Salz, Öl, Kohlrabi, Bouillon.

Die Lammschulter zu einer schönen Form zusammenbinden. In einem engen Gefäss eine Marinade zubereiten mit dem Dôle, einer Zwiebel, den Rüebli, einem Lorbeerblatt und einigen Gewürznel-

Laisser mariner la viande 24 heures. Egoutter et essuyer la viande, saler, poivrer et faire rôtir dans une lèchefrite assez grande. Par ailleurs, faire bouillir la marinade et en mouiller la viande lorsque celle-ci est bien dorée. Disposer alors autour de l'épaule d'agneau de gros bâtonnets de choux-raves et compléter le mouillage avec du bouillon. Remettre au four. Lorsque les choux-raves sont bien cuits, la viande doit également être prête.
Vin d'accompagnement: Dôle, Pinot noir

ken; das Fleisch 24 Stunden darin ruhen lassen. Das Fleisch abtropfen und abtrocknen. Salzen, pfeffern und in einer genügend grossen Tropfpfanne anbraten. Die Marinade zum Kochen bringen und über das Fleisch giessen, sobald dieses eine schöne braune Farbe angenommen hat. Um die Lammschulter herum grosse Stäbchen Kohlrabi legen und mit der Bouillon benetzen. In den Ofen schieben. Wenn die Kohlrabi gar sind, sollte das Fleisch ebenfalls zum Anrichten bereit sein.
Wein am Tisch: Dôle, Pinot noir

Le gigot d'agneau au Génépi

Gigot d'agneau, Génépi, ail, huile, sel, poivre.

Parer le gigot, ouvrir de fines entailles dans le sens des fibres. Y glisser des gousses d'ail. Ciseler les parties grasses et tendineuses en quadrillant le gigot au couteau qui doit aller jusqu'aux chairs. Poser le gigot dans un plat et l'arroser de Génépi. Laisser mariner pendant une demi-journée en le retournant plusieurs fois et en l'arrosant bien de cet alcool parfumé. Cuire le gigot sur la grille du four. Disposer dessous la lèchefrite de façon à ce qu'elle recueille la graisse du gigot et l'huile avec laquelle vous avez arrosé le gigot. Retourner une ou deux fois la viande en cours de cuisson en l'arrosant avec l'huile et la graisse de la lèchefrite. Cuire 50 à 60 minutes pour obtenir un gigot légèrement saignant à coeur. Saler, poivrer et recouvrir d'une feuille d'alu quelques minutes avant de le découper. Retirer la graisse de la lèchefrite et déglacer avec un peu d'eau. Sur le plat de service, arroser le gigot du Génépi de la marinade et flamber. Ajouter ensuite le jus de la lèchefrite et servir.

Vin d'accompagnement: Dôle, Humagne

peut aussi être cuit à la broche

Lamm-Gigot, mit Génépi flambiert

Lammgigot, Génépi, Knoblauch, Öl, Salz, Pfeffer.

Den Gigot zurichten. Längs den Fasern feine Kerben einschneiden und Knoblauchzehen eindrücken. Die fetten und sehnigen Partien mittels eines scharfen Messers ausschneiden, das bis tief ins Fleisch vordringen kann. Den Gigot in einen Topf legen, mit Génépi begiessen und einen halben Tag marinieren, dabei das Fleisch öfters wenden und mit diesem aromatischen Alkohol parfümieren. Den Gigot auf dem Ofengrill backen. Darunter eine Tropfpfanne schieben, welche das Gigotfett sowie das Bratöl auffängt. Das Fleisch während des Bratens ein- oder zweimal umdrehen und dabei mit dem Fett und Öl der Tropfpfanne begiessen. 50 bis 60 Minuten braucht es, um einen im Innern noch leicht rosigen Gigot zu erhalten. Salzen, pfeffern und mit einer Alufolie einige Minuten vor dem Zerlegen zudecken. Das Fett von der Abtropfpfanne nehmen und mit etwas Wasser auflösen. Den Gigot auf die Servierplatte legen, mit der Marinade begiessen und flambieren. Nachher etwas Bratsaft von der Tropfpfanne beifügen und servieren.

Wein am Tisch: Dôle, Humagne

La selle de chevreuil à la Lie

Selle de chevreuil, Lie, lard, Fendant, sel, poivre.

Parer une selle en retirant toutes les parties grasses de sa surface et les parties tendineuses. Mettre la selle dans un plat et l'arroser d'un verre de Lie de première qualité qui ait si possible vieilli en fût de chêne. Mariner pendant une demi-journée en tournant la selle de temps en temps. Essuyer la viande et la barder de lard frais. Mettre la pièce dans la broche-corbeille et la rôtir devant un feu vif 20 à 25 minutes. Mettre une lèchefrite sous la broche de façon à ce que la graisse s'y écoule. Retirer ensuite la lèchefrite et éliminer la graisse. Débarder la selle aussi bien que possible. Verser la Lie dans la lèchefrite et flamber. Compléter le déglaçage avec un bon verre de Fendant que vous laisserez cuire 2 ou 3 minutes. Poser la selle sur une planche, assaisonner de sel et de poivre et laisser reposer quelques instants avant de couper.
Vin d'accompagnement: Dôle, Pinot noir

Rehrücken à la Lie

Rehrücken, Lie, Speck, Fendant, Salz, Pfeffer.

Den Rehrücken zurichten, indem man das Fett sowie die Sehnen entfernt. Den Rehrücken in eine Schüssel legen und mit einem Glas erstklassigen Lie besprengen, der – wenn irgend möglich – in einem Eichenfass alt geworden sein sollte. Während eines halben Tages in der Marinade lassen, indem man den Rehrücken von Zeit zu Zeit umdreht. Das Fleisch abtrocknen und mit frischem Speck bespicken, dann in den Bratkorb legen und auf heftigem Feuer 20 bis 25 Minuten braten. Unter das Grillgut eine Tropfpfanne stellen, die das ausfliessende Fett auffängt. Alsdann die Tropfpfanne entfernen und das Fett wegnehmen. Den Rehrücken so gut als möglich von den Speckstückchen befreien. Den Lie in die Tropfpfanne geben und flambieren. Mit einem guten Glas Fendant ablöschen und 2 bis 3 Minuten mitkochen. Den Rehrücken auf ein Brett legen, mit Salz und Pfeffer würzen und vor dem Zerschneiden noch einen Augenblick ruhen lassen.
Wein am Tisch: Dôle, Pinot noir

tous les plats de chasse se servent volontiers avec des pommes chauffées garnies de confiture d'airelles de chataignes et de choux de Bruxelles

Le gigot de chamois aux choux

Gigot de chamois bien rassis, choux blancs bien pommés, sel, poivre, Fendant, bouillon, oignons, carottes, céleris, tomates, laurier, romarin, beurre.

Couper les choux en 6. Enlever les trognons et les grosses côtes. Blanchir les parties conservées quelques minutes, puis les rafraîchir. Etaler les feuilles sur la table, les assaisonner de sel et de poivre du moulin, puis les hacher grossièrement. Faire fondre 1 oignon hâché dans du beurre, mouiller d'un peu de Fendant et d'un bon bouillon, puis y cuire les choux à couvert. Par ailleurs, parer le gigot; le faire rôtir 15 minutes à four chaud avec les parures. Ajouter une fine mirepoix composée de carottes, oignons, céleris, tomates, laurier, romarin. Laisser rôtir encore 10 minutes. Verser les choux dans une lèchefrite, déposer le ou les gigots dessus. Dégraisser le fond de rôti du gigot. Déglacer au vin blanc et mouiller d'un peu de bouillon. Lorsque ce jus est bien à point le verser sur le gigot et le chou. Cuire encore 15 minutes au four avant de servir.
Vin d'accompagnement: Pinot noir

Gemsgigot an Wirsing

1 gelagerte Gemskeule, einige schön gerundete Wirsingköpfchen (Weisskohl), Salz, Pfeffer, Fendant, Bouillon, Zwiebeln, Rüebli und Sellerie, Tomaten, Lorbeer, Rosmarin, Butter.

Die Wirsingköpfe in 6 Stücke zerteilen. Von den äusseren Blättern und den dicken Adern befreien. Blanchieren, erkalten lassen. Die einzelnen Blätter der Wirsingköpfe auf einem Tisch ausbreiten, mit Salz und frischem Pfeffer würzen. Dann grob hacken. 1 Zwiebel in Butter andämpfen, mit etwas Fendant und einer guten Bouillon ablöschen. Den Wirsing darin zugedeckt garen. Den Gigot zurichten; samt Abfall- und Kleinteilen 15 Minuten im heissen Ofen schmoren. Mit dem Gemüse (Rüebli, Zwiebeln, Sellerie, Tomaten) und den Gewürzen (Lorbeer und Rosmarin) eine feine Sauce zubereiten, dem Gigot beifügen und 10 Minuten mitschmoren. Den Wirsing in eine Tropfpfanne geben, den, oder falls es mehrere sind, die Gigots darüber legen. Fett vom Bratenfond des Gigots entfernen. Mit Weisswein aufkochen und Bouillon nachgiessen. Wenn die Sauce gar ist, über den Gigot und Wirsing giessen. Vor dem Servieren noch 15 Minuten im Ofen kochen.
Wein am Tisch: Pinot noir

Les médaillons de filet de cerf aux chanterelles

Selle de cerf, huile, oignon, carotte, persil, laurier, thym, pinot noir, sel, poivre, échalotes, chanterelles, glace de viande, crème.

Parer la selle de cerf, lever les filets et tailler 8 petits médaillons. Les faire mariner pendant quelques heures avec 1 cuillerée à soupe d'huile, 1 oignon et 1 carotte émincée, des branches de persil, 1 feuille de laurier, 1 brindille de thym, quelques grains de poivre et 1 verre de Pinot noir. Egoutter les médaillons sur un linge et les assaisonner de sel et de poivre. Mettre de l'huile à chauffer dans un sautoir et faire sauter vivement les médaillons, les retirer et les garder au chaud. Enlever l'huile, faire revenir 1 échalote, 1 pointe d'ail haché et du persil. Ajouter 500 g de chanterelles préalablement blanchies. Déglacer avec la marinade et faire réduire presque entièrement. Ajouter 4 dl de crème fraîche et 2 dl de glace de viande, faire réduire quelques instants et rectifier l'assaisonnement.

Dresser les médaillons sur un plat garni de pommes Reinette cuites au four et dont la cavité aura été remplie de confiture d'airelles. Napper les médaillons de chanterelles en sauce et servir avec des nouillettes au beurre.

Vin d'accompagnement: Pinot noir, Humagne

Hirschmedaillons mit Eierschwämmen

Hirschrücken, Öl, Zwiebel, Rüebli, Petersilie, Lorbeerblatt, Thymian, Pinot noir, Salz, Pfeffer, Schalotten, Eierschwämme, Bratenfond, Rahm.

Den Hirschrücken zurichten, die Filetstücke freilegen und 8 kleine Medaillons herausschneiden. Während einiger Stunden in einer mit 1 Esslöffel Öl, 1 Zwiebel, 1 in Scheiben geschnittenen Rüebli, 1 Petersilienbüschel, 1 Lorbeerblatt, 1 Zweiglein Thymian, einigen Pfefferkörnern und 1 Glas Pinot noir zubereiteten Marinade ziehen lassen. Die Medaillons auf einem trockenen Tuch abtropfen, mit Salz und Pfeffer würzen. Öl in einer Schmorpfanne erhitzen und die Medaillons bei starkem Feuer beidseitig anbraten. Vom Feuer nehmen und warm stellen. Das Öl entfernen. 1 Schalotte, wenig gehackten Knoblauch und Petersilie andämpfen. 500 g blanchierte Eierschwämme beifügen. Mit der Marinade abschrecken und fast ganz einkochen lassen. 4 dl frischen Rahm und 2 dl Bratenfond beigeben und kurze Zeit einkochen; abschmecken.

Die Medaillons auf einer vorgewärmten Platte anrichten. Mit der Eierschwammsauce übergiessen. Die Medaillons mit Bratäpfeln (Kanada-Reinetten) garnieren, deren Höhlungen mit Preiselbeermarmelade gefüllt sind. Mit Butternudeln servieren.

Wein am Tisch: Pinot noir, Humagne

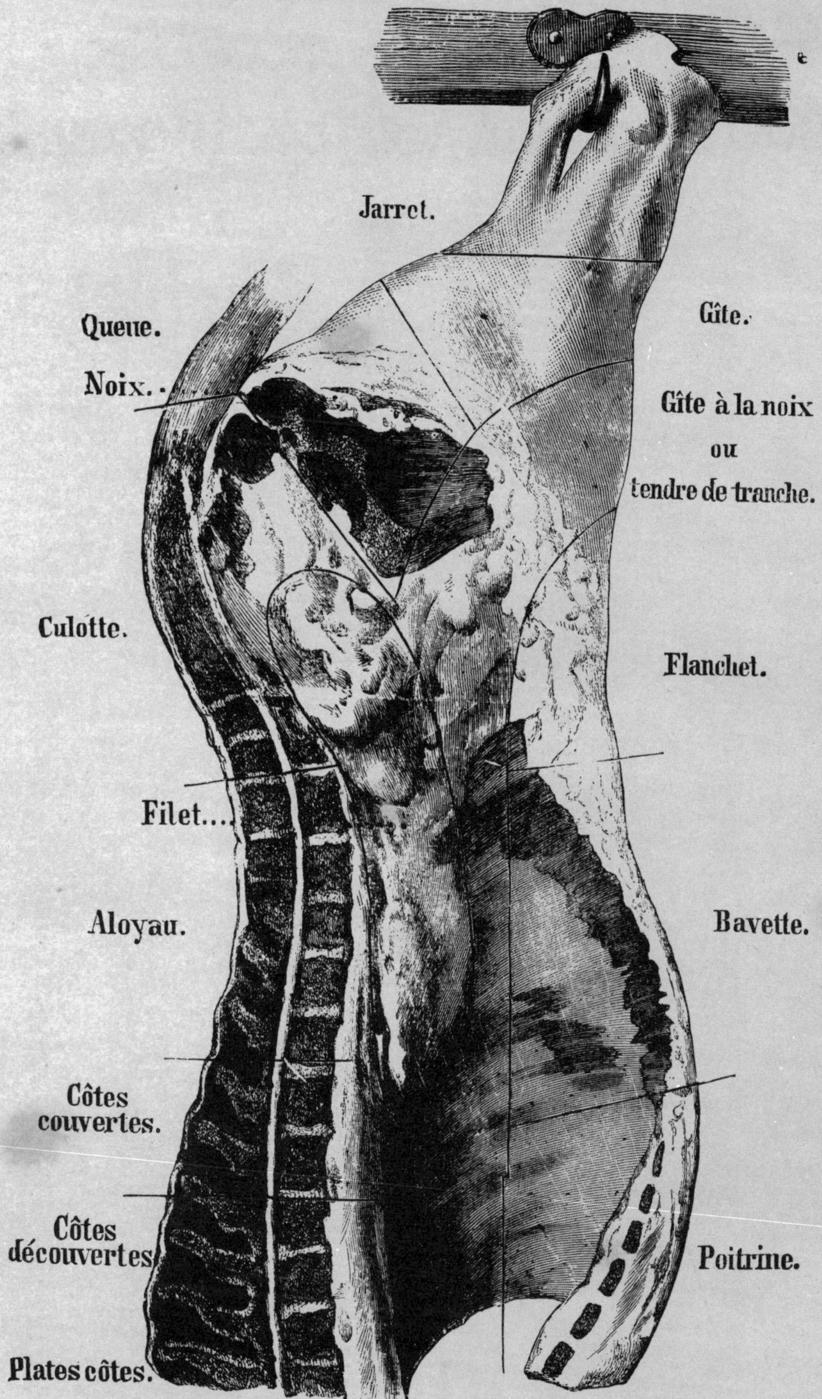
Jarret.
Queue.
Noix.
Gîte.
Gîte à la noix
ou
tendre de tranche.
Culotte.
Flanchet.
Filet....
Aloyau.
Bavette.
Côtes
couvertes.
Côtes
découvertes.
Poitrine.
Plates côtes.

Notes et autres recettes :
Notizen und weitere Rezepte :

Notes et autres recettes:
Notizen und weitere Rezepte:

fig. 4 **Les cultures et vergers de la plaine du Rhône**

Die Kulturen und Obstgärten in der Rhoneebene

St-Maurice

De tout temps, les arbres fruitiers ont prospéré sur les pentes ensoleillées et les cônes d'alluvions de la vallée du Rhône.
Jusque vers le milieu du siècle dernier, le Valais vivait pourtant replié sur lui-même, emprisonné dans ses montagnes, coincé entre une plaine marécageuse et des rochers souvent stériles. L'agriculture y était domestique, vouée à l'autoapprovisionnement. Toute expansion lui était interdite faute de terres cultivables. La correction et l'endiguement du Rhône permirent d'assainir la plaine. Ces travaux allaient offrir des milliers d'hectares à l'agriculture valaisanne.
On commence alors résolument à planter, pommiers, poiriers, abricotiers, etc. Le verger valaisan est en plein essor. Sa production est commercialisée partout en Suisse et même à l'étranger. L'arboriculture est complétée par une série de nouvelles cultures, asperges, tomates, fraises, framboises, légumes divers qui ont fait du Valais leur terre de prédilection. L'asperge a trouvé son sol préféré dans la région de Charrat, l'abricotier s'est implanté sur les coteaux de la rive gauche du Rhône. On cultive la fraise précoce en plaine et la fraise tardive en montagne. La framboise s'étend autour des centres de production que représentent Nendaz et Veysonnaz. Les cultures maraîchères, tomates, carottes, oignons, choux-fleurs occupent des surfaces importantes un peu partout dans la plaine, où elles se mêlent aux arbres fruitiers.
Le Valais agricole est devenu un véritable jardin qui chaque jour satisfait aux exigences des consommateurs de toute la Suisse.

Die Obstbäume erfreuen sich seit vielen Jahrzehnten ausgezeichneter klimatischer Bedingungen auf den sonnigen Talhängen und den Schuttkegeln des rechten Rhoneufers im Rhonetal.
Bis zur Mitte des letzten Jahrhunderts lebte das Wallis von der Aussenwelt abgeschlossen, eingekreist von seinen Bergen und eingeklemmt zwischen Sumpfgebiet und unfruchtbarem Gestein. Die Landwirtschaft diente ausschliesslich der Selbstversorgung. Eine Ausbreitung war unmöglich, weil es an kultivierbarem Land fehlte. Nach einer verheerenden Überschwemmung des Rotten (Rhone) im Jahre 1860 wurde ein Korrektionsplan entworfen, welcher Tausende von Hektaren Land gewann, die heute den Reichtum des Walliser Obst- und Gemüsebaus ausmachen.
Das Neuland war vorerst noch Sumpfgebiet, aber man kolmatierte, entwässerte und bepflanzte es in 40jähriger Arbeit. Und schliesslich erhielt die fruchtbare Ebene zu Recht den Namen »schweizerisches Kalifornien«. Man begann, Apfelbäume, Birnenbäume, Aprikosenbäume anzupflanzen.
Der Walliser Obstgarten befindet sich in vollem Aufschwung. Seine Produktion wird in der ganzen Schweiz und sogar im Ausland kommerzialisiert. Die Baumzucht wird durch eine Serie neuer Kulturen ergänzt wie Spargeln, Tomaten, Erdbeeren, Himbeeren, verschiedene Gemüse, welche im Wallis privilegierte Bedingungen vorfanden. Der Spargel fand seine bevorzugten Kulturböden in der Region von Charrat, der Aprikosenbaum pflanzte sich auf den Hängen des linken Rhoneufers an. Die frühreifen Erdbeeren werden in der Ebene kultiviert, die Spätkulturen in den Bergen. Die Himbeerproduktion ist in der Region Nendaz und Veysonnaz konzentriert. Der Gemüseanbau wie Tomaten, Rüebli, Zwiebeln, Blumenkohl breitet sich über grosse Flächen aus, und zwar in der ganzen Rhoneebene, wo er sich den Obstplantagen in schöner Harmonie anschliesst.
Das landwirtschaftliche Wallis ist so zu einem wahrhaft vielfältigen und reichhaltigen Garten angewachsen, der sich bemüht, tagtäglich den Ansprüchen der Konsumenten der Schweiz Genüge zu tun.

Les douze mois des fruits et légumes valaisans

	Fruits	Légumes
Janvier	pommes poires	carottes oignons choux céleris
Février	pommes poires	carottes oignons choux céleris
Mars	pommes	carottes oignons choux céleris
Avril	pommes	carottes salades asperges
Mai	pommes fraises	salades asperges carottes choux-fleurs
Juin	pommes fraises framboises cerises	asperges carottes choux-fleurs tomates
Juillet	poires pommes fraises framboises cerises abricots	choux-fleurs tomates

	Fruits	Légumes
Août	poires pommes abricots framboises prunes et pruneaux	choux-fleurs tomates
Septembre	poires pommes raisins	choux-fleurs tomates
Octobre	poires pommes	choux-fleurs tomates oignons carottes
Novembre	poires pommes	choux-fleurs choux carottes oignons
Décembre	poires pommes	choux carottes oignons céleris

Die zwölf Monate des Früchte- und Gemüsejahres

	Früchte	Gemüse
Januar	Äpfel Birnen	Rüebli Zwiebeln Kohl Sellerie
Februar	Äpfel Birnen	Rüebli Zwiebeln Kohl Sellerie
März	Äpfel	Rüebli Zwiebeln Kohl Sellerie
April	Äpfel	Rüebli Salate Spargeln
Mai	Äpfel Erdbeeren	Salate Spargeln Rüebli Blumenkohl
Juni	Äpfel Erdbeeren Himbeeren Kirschen	Spargeln Rüebli Blumenkohl Tomaten
Juli	Birnen Äpfel Erdbeeren Himbeeren Kirschen Aprikosen	Blumenkohl Tomaten
August	Birnen Äpfel Aprikosen Himbeeren Pflaumen und Zwetschgen	Blumenkohl Tomaten
September	Birnen Äpfel Trauben	Blumenkohl Tomaten
Oktober	Birnen Äpfel	Blumenkohl Tomaten Zwiebeln Rüebli
November	Birnen Äpfel	Blumenkohl Kohl Rüebli Zwiebeln
Dezember	Birnen Äpfel	Kohl Rüebli Zwiebeln Sellerie

Les tomates farcies à la paysanne

Tomates, restes de rôti, pain, oignon, échalotes, 2 oeufs, beurre, riz, bouillon, Fendant, épices.

Décalotter les tomates en coupant leur base attachée au pédancule. Retirer le centre de cette calotte qui est dur afin d'obtenir un anneau de chair. Disposer ces anneaux au fond d'un plat à gratin. Poser les tomates évidées sur ces supports. Ménager des espaces entre les tomates. Préparer une farce en hachant des viandes cuites, y ajouter une poignée de mie de pain préalablement trempée dans du bouillon. Incorporer 1 gros oignon émincé qui a été étuvé légèrement au beurre et 2 oeufs entiers. Corriger l'assaisonnement. Pétrir le tout pour obtenir une masse homogène qui pourra être distribuée dans les tomates.
Par ailleurs, dans une casserole, faire revenir dans du beurre quelques échalotes finement hachées. Ajouter la quantité de riz désirée. Tourner jusqu'à ce que le riz devienne laiteux. Mouiller cette préparation du jus retiré des tomates et d'un bon verre de vin blanc. Répartir le tout dans le plat à gratin dans les espaces ménagés entre les tomates. Cuire 20 à 25 minutes en veillant à ce qu'il y ait assez de liquide pour que le riz puisse cuire. Maintenir ce liquide avec du bouillon.
Vin d'accompagnement: Goron

Ce plat est servi comme repas complet

Gefüllte Tomaten nach Bauernart

Tomaten, gehacktes Fleisch (Reste), Brot, Zwiebel, 2 Eier, Schalotten, Butter, Reis, Bouillon, Fendant, Gewürze.

An der Stielseite ein Stück von der Tomate abschneiden. Die harte Mitte daraus entfernen, so dass ein roter Ring entsteht. Diesen Ring auf den Boden der Auflaufform legen, um jeder Tomate einen festen Halt zu verleihen. Die ausgehöhlten Tomaten nebeneinander stellen, jedoch einen gewissen Zwischenraum lassen. Eine Füllung von gehacktem Fleisch und einer Handvoll in einer Bouillon aufgeweichtes Brot zubereiten. 1 grosse, feingehackte, in Butter leicht angedünstete Zwiebel und 2 ganze Eier hinzufügen. Salzen, pfeffern. Alles gut verkneten, bis sich eine geschmeidige Masse bildet, die nun in die Tomaten verteilt wird.
In einem Topf einige feingehackte Schalotten in etwas Butter bräunen. Die gewünschte Menge Reis hinzugeben und so lange umrühren, bis der Reis eine milchige Farbe annimmt. Dann mit dem Saft der Tomaten und einem Glas Weisswein löschen. Diese Masse zwischen die Tomaten in der Auflaufform giessen. 20 bis 25 Minuten im Ofen backen und dafür sorgen, dass der Reis genügend Flüssigkeit hat; eventuell mit Bouillon nachhelfen.
Wein am Tisch: Goron

L'oeuf en tomate

Grosses tomates, jambon cuit, oeufs, fromage d'alpage, épices.

Décalotter de grosses tomates, les évider, saler, poivrer l'intérieur. Répartir au fond de chaque tomate un hachis de jambon cuit. Casser ensuite dans chaque tomate 1 oeuf frais. Saupoudrer de fromage râpé et remettre la calotte en guise de couvercle. Ranger ces tomates dans un plat et les glisser au four une vingtaine de minutes. Découvrir légèrement une de ces tomates pour contrôler l'avancement de la cuisson. Le blanc d'oeuf doit être pris, le jaune doit encore rester liquide.
Vin d'accompagnement: Fendant

Tomateneier

Grosse Tomaten, gekochter Schinken, Eier, Alpkäse, Gewürze.

Den gleichmässig grossen, festen Tomaten ein Deckelchen abschneiden; das Innere aushöhlen, salzen und pfeffern. In jede so zubereitete Tomate eine Füllung von gehacktem Schinken sowie 1 frisches Ei geben. Mit geriebenem Käse bestreuen und das Deckelchen wieder daraufsetzen. Die Tomaten in eine Gratinform legen und für ca. 20 Minuten in den Ofen schieben. Zur Kontrolle der Garzeit eine Tomate abdecken. Das Eiweiss muss sich etwas festigen, hingegen soll das Eigelb leicht flüssig bleiben.
Wein am Tisch: Fendant

L'omelette à la tomate

Oeufs, crème, fromage râpé, tomates, échalotes, épices, herbes aromatiques.

Eplucher, épépiner et concasser les tomates. Les faire revenir dans du beurre ainsi que les échalotes hachées. Epicer. Par ailleurs, mélanger les oeufs avec une tombée de crème, les épices et un peu de fromage râpé. Faire l'omelette dans une poêle et la farcir avec les tomates concassées préparées précédemment.
Vin d'accompagnement: Goron

Tomatenomelette

Eier, Rahm, geriebener Käse, Tomaten, Schalotten, Gewürze, aromatische Kräuter.

Tomaten schälen, entkernen, in kleine Würfel schneiden, in etwas Butter zusammen mit den feingehackten Schalotten durchdämpfen. Würzen. Die Eier mit wenig Rahm, den Gewürzen und etwas geriebenem Käse mischen. Die Omelette in einer Pfanne backen und mit den vorher zubereiteten Tomaten füllen.
Wein am Tisch: Goron

Les tomates gratinées du val de Bagnes

Grosses tomates, sel, poivre, épices, fromage à raclette de Bagnes.

Couper les tomates en deux. Extraire leurs pépins ainsi qu'une partie de leur jus. Saler, poivrer, épicer selon votre goût. Disposer sur chaque demi-tomate une belle lamelle de fromage à raclette. Cuire au four 15 à 20 minutes à chaleur moyenne de sorte que le fromage fonde gentiment et qu'il s'écoule dans les évidements de la tomate. La surface doit légèrement gratiner. Ce plat d'accompagnement peut également être enrichi pour devenir un repas léger. Farcir alors les tomates d'un mélange de jambon, d'échalotes et de persil hachés.

Le gratin de côtes-de-bettes aux tomates

Côtes-de-bettes, tomates, lait, crème, farine, fromage, épices.

Séparer le vert des côtes. Couper les côtes en bâtonnets et les faire blanchir à l'eau salée. Faire blanchir également, mais à part, le vert et le hacher grossièrement. Peler, épépiner et concasser plusieurs tomates. Par ailleurs, faire une béchamel avec 2 tiers de lait et 1 tiers de crème. Saler, poivrer, ajouter une pointe de muscade et du fromage râpé. Mélanger tous les éléments et verser dans un plat à gratin beurré. Saupoudrer de fromage râpé. Mettre au four et servir bien doré.

Überbackene Tomaten aus dem Bagnes-Tal

Grosse Tomaten, Salz, Pfeffer, Gewürze, Raclettekäse aus dem Bagnes-Tal.

Die Tomaten zweiteilen. Die Körner und etwas Saft auspressen. Salzen, pfeffern und nach Geschmack würzen. Auf jede Tomatenhälfte eine dicke Scheibe Raclettekäse verteilen. 15 bis 20 Minuten im Ofen bei mittlerer Hitze backen, so dass der Käse leicht schmilzt und in die Aushöhlungen der Tomaten fliesst. Die Oberfläche soll leicht gratinieren. Dieses Gericht kann man anreichern und zu einer leichten Mahlzeit machen, indem man etwas feingeschnittenen geräucherten Schinken, gehackte Schalotten und Petersilie in die Tomaten füllt.

Mangoldgratin an Tomatensauce

Mangoldgemüse, Tomaten, Milch, Rahm, Mehl, Käse, Gewürze.

Die Mangoldstiele von den grünen Blättern befreien, in kleine Stäbchen schneiden und im Salzwasser blanchieren. Das Grünzeug ebenfalls blanchieren, aber separat, und grob hacken. Tomaten schälen, entkernen und in kleine Stückchen schneiden. Von ⅔ Milch und ⅓ Rahm eine Béchamelsauce zubereiten. Salzen, pfeffern und eine Prise Muskatnuss sowie den geriebenen Käse beifügen. Alle Zutaten vermischen und in eine ausgebutterte Gratinform geben. Geriebenen Käse darüber streuen. In den Ofen schieben und überbacken. Heiss servieren.

Les tomates au fenouil

Tomates bien fermes, fenouil, petit oignon, crème acide, ciboulette.

Découper le tiers supérieur des tomates et réserver les couvercles. Creuser la partie inférieure avec une cuiller à café. Egoutter et épépiner la chair des tomates et la couper en petits dés. Emincer très finement l'oignon et le fenouil. Bien mélanger la crème acide et la ciboulette finement coupée, et ajouter cette sauce aux dés de tomates, oignon et fenouil. En remplir les tomates, remettre les couvercles.
Servir avec des tranches de pain croustillant.

Tomaten mit Fenchel

Grosse, feste Tomaten, Fenchel, kleine Zwiebel, Sauerrahm, feingeschnittener Schnittlauch.

Den oberen Drittel der Tomaten abschneiden. Diese Deckelchen aufbewahren. Das Innere der Tomaten mit einem Kaffeelöffel aushöhlen. Tomatenfleisch entkernen und in kleine Würfel schneiden. Zwiebel und Fenchel fein hacken und mit dem sauren Rahm und dem Schnittlauch vermischen. Diese Sauce den Tomatenwürfeln beigeben. Die Tomaten mit der gut vermischten Masse füllen, Deckel darauflegen.
Mit Knäckebrot servieren.

Les pommes de terre à la tomate

Pommes de terre, tomates, oignons, fromage, bouillon, Fendant, sel, poivre, beurre.

Beurrer un plat à gratin. Saupoudrer son fond d'oignons finement hachés. Alterner ensuite une couche de pommes de terre débitées en gros cubes (2 cm de côté), une couche de tomates préalablement pelées, épépinées et concassées, une couche de fromage râpé. Terminer par une couche de tomates et de fromage râpé. Epicer en tenant compte de la personnalité du fromage. Mouiller avec du bouillon et cuire au four. En cours de cuisson, ajouter 1 verre de Fendant.

Tomatenkartoffeln

Kartoffeln, Tomaten, Zwiebeln, Käse, Bouillon, Fendant, Salz, Pfeffer, Butter.

Eine Gratinform ausbuttern. Den Boden mit feingehackten Zwiebeln bestreuen. Nachher abwechselnd Kartoffeln (in ziemlich grosse Würfel von ca. 2 cm geschnitten), Tomaten (geschält, entkernt, in kleine Würfel geschnitten) und geriebenen Käse lagenweise in die Gratinform geben. Den Abschluss bildet eine Tomatenschicht mit geriebenem Käse. Unter Berücksichtigung des Käsegeschmacks würzen. Mit Bouillon begiessen und im Ofen überbacken. Während des Kochens 1 Glas Fendant beifügen.

La Ratatouille à la valaisanne

Tomates, poivrons, oignons, courgettes, aubergines, gousses d'ail, huile d'olive, Fendant, sel, poivre, épices.

Equeuter et vider 2 poivrons, les couper en fines lamelles. Chauffer 4 cuillerées à soupe d'huile d'olive dans une cocotte. Y faire revenir les poivrons. Ajouter ensuite 2 oignons émincés grossièrement et 4 gousses d'ail très finement hachées. Mouiller d'un bon verre de Fendant. Peler, épépiner 1 kg de tomates bien fermes, les adjoindre à la ratatouille. Epicer généreusement. A feu doux laisser mijoter en veillant qu'il y ait assez de liquide pour que la ratatouille n'attache pas. Ajouter encore les courgettes et les aubergines en cour de cuisson, coupées en gros dés, les courgettes et les aubergines doivent rester croquantes. Laisser mijoter puis servir avec un bon riz ou des galettes de polenta.
Vin d'accompagnement: Dôle

peut très bien se faire sans aubergines

Walliser Ratatouille

Tomaten, grüne Peperoni, Zwiebeln, Zucchetti, Auberginen, Knoblauchzehen, Olivenöl, Fleischbouillon, Fendant, Salz, Pfeffer, Gewürze.

2 Peperoni von Kernen und Rippen befreien und in feine Lamellen schneiden. 4 Esslöffel Olivenöl in einem Brattopf erhitzen, die Peperoni darin andämpfen. Dann 2 grobgehackte Zwiebeln und 4 sehr fein gehackte Knoblauchzehen beifügen und mitdämpfen. Mit einem guten Glas Fendant ablöschen. 1 kg feste Tomaten schälen, entkernen und dem Ratatouille beigeben. Grosszügig würzen. Bei kleinem Feuer schmoren. Flüssigkeitsgehalt mit Bouillon kontrollieren; das Ratatouille darf nicht ansetzen. Zuletzt die Zucchetti und Auberginen (in grobe Würfel geschnitten) beifügen; sie sollen nicht zerkochen, sondern leicht knusprig bleiben. Alles nochmals kurz durchkochen. Mit Reis oder Polenta servieren.
Wein am Tisch: Dôle

Les pommes de terre au Fendant

1 kg de pommes de terre, 1 cuillerée à soupe de graisse, 1 gros oignon, 1½ tasse d'eau ou de bouillon, sel, 1 à 2 cuillerées de farine, 1 verre de Fendant.

Peler les pommes de terre, les couper en dés. Emincer finement l'oignon et le dorer dans la graisse. Ajouter les pommes de terre et étuver le tout pendant quelques instants. Mouiller avec l'eau (bouillon) et saler (Temps de cuisson: 20 à 30 minutes). Au dernier moment, ajouter la farine délayée avec le Fendant. Mélanger le tout et laisser cuire quelques instants.

Kartoffelbitzli an Fendant

1 kg Kartoffeln, 1 Löffel Fett, 1 grosse Zwiebel, 1½ Tassen Wasser oder Bouillon, Salz, 1–2 Löffel Mehl, 1 Glas Fendant.

Kartoffeln schälen, in Würfel schneiden. Zwiebel fein schneiden. Zwiebeln im Fett goldgelb dämpfen, Kartoffeln mitdämpfen, mit dem Wasser oder der Bouillon ablöschen und salzen (Kochzeit: 20–30 Minuten). Vor dem Anrichten der Kartoffelbitzli das Mehl mit dem Fendant einlaufen lassen, kurz mitkochen.

Les courgettes à la crème

Courgettes, beurre, aromates (basilic frais ou autres), sel, poivre, crème, oeufs, fromage râpé, muscade, paprika.

Chauffer le beurre dans une poêle. Couper en rondelles de 3 à 4 cm d'épaisseur les courgettes et les faire dorer de part et d'autre, portion par portion. Les ranger dans un plat à feu graissé. Assaisonner de basilic. Faire réduire dans une poêle la crème et laisser tiédir. Une fois tiède, mélanger cette réduction de crème aux oeufs, au fromage râpé et ajouter encore le sel, le poivre, 1 tombée de muscade et le paprika. Bien brasser, verser sur les courgettes. Faire cuire au milieu du four, à bonne chaleur, jusqu'à ce que les courgettes soient tendres.

Rahm-Zucchetti

Gourgetten, Butter, Gewürze (frischer Basilikum oder andere), Salz, Pfeffer, Rahm, Eier, geriebener Käse, Muskatnuss, Paprika.

Butter in einer Pfanne erhitzen. Die Gourgetten in 3–4 cm dicke Rondellen schneiden, auf allen Seiten schön anschmoren. In eine ausgebutterte, feuerfeste Form legen. Mit Basilikum würzen. Den Rahm in einer Pfanne einkochen und dann erkalten lassen. Mit den Eiern und dem geriebenen Käse vermischen. Salz, Pfeffer, 1 Prise Muskatnuss und Paprika beifügen. Gut umrühren und auf die Gourgetten giessen. Auf der mittleren Rille im Ofen überbacken, bis die Zucchetti gar sind.

Les oignons farcis

Gros oignons, chair à saucisse, oeuf cuit dur, herbes fines, sel, poivre, bouillon, Fendant, panure, fromage râpé.

Eplucher de gros oignons et les blanchir environ 20 minutes dans de l'eau salée. Egoutter, laisser tiédir, puis couper le sommet et les vider sans casser les enveloppes extérieures. Hacher et mélanger les intérieurs avec de la chair à saucisse, de l'oeuf cuit dur et des herbes fines. Saler et poivrer, selon les goûts. Remplir de cette farce les cavités aménagées dans les oignons et ranger ceux-ci dans un plat beurré, allant au four. Saupoudrer de panure et de fromage râpé. Mouiller jusqu'au tiers de la hauteur d'un bouillon parfumé au Fendant. Mettre au four et laisser gratiner en faisant attention que la surface ne brûle pas.
Vin d'accompagnement: Goron, Dôle

un excellent petit souper

Gefüllte Zwiebeln

Grosse Zwiebeln, Wurstbrät, 1 hartgekochtes Ei, feine Kräuter, Salz, Pfeffer, Bouillon, Fendant, Paniermehl, geriebener Käse.

Die grossen Zwiebeln schälen und ungefähr 20 Minuten in Salzwasser blanchieren. Abtropfen, abkühlen, dann oben je eine Scheibe abschneiden und den inneren Teil herausnehmen. Darauf achten, dass die äussere Zwiebelschicht nicht zerbricht. Die Reste aus dem Zwiebelinneren mit dem Wurstbrät, dem hartgekochten Ei und den aromatischen Kräutern, alles fein gehackt, vermischen. Nach Bedarf salzen und pfeffern. Die Zwiebelaushöhlungen mit dieser Masse auffüllen. Die Zwiebeln in eine ausgebutterte Auflaufform legen. Mit Paniermehl und geriebenem Käse bestreuen. Bis zu einem Drittel der Höhe mit Bouillon übergiessen, die mit etwas Fendant parfümiert wurde. In den Ofen schieben und schön überbacken, ohne dass die Oberfläche zu stark Farbe annimmt.
Wein am Tisch: Goron, Dôle

Le chou rouge aux châtaignes

Chou rouge, huile, oignon, ail, lard, pomme, vinaigre de vin, vin rouge, riz, beurre, sucre, châtaignes, sel, poivre, bouillon.

Faire revenir l'oignon haché, les dés de lard et l'ail dans un corps gras. Ajouter le chou rouge coupé fin.

Rotkraut mit Kastanien

Rotkohl, Öl, Zwiebel, Knoblauch, Speck, Apfel, Weinessig, Rotwein, Reis, Butter, Zucker, Kastanien, Salz, Pfeffer, Bouillon.

Die gehackte Zwiebel, Speckwürfel und Knoblauch im Öl andämpfen. Den feingeschnittenen Rotkabis beifügen, kurz mitdünsten und mit

Etuver rapidement et mouiller avec 2 cuillerées à soupe de vinaigre et un bon décilitre de vin. Ajouter la pomme finement émincée et une poignée de riz. Assaisonner avec sel et poivre et cuire à couvert environ 50 minutes. Au besoin, ajouter un peu d'eau ou de bouillon. Par ailleurs, entailler les châtaignes et les jeter dans de l'eau bouillante jusqu'à ce que la pelure se détache facilement. Les peler aussi chaudes que possible. Dans une poêle, faire caraméliser 2 cuillerées à soupe de sucre, ajouter beurre et marrons, mouiller avec un peu d'eau et laisser cuire doucement à couvert jusqu'à ce que les marrons soient tendres. Servir les choux rouges avec comme garniture les marrons.

Le chou-fleur des Marécottes

1 chou-fleur, lard, jambon, fromage du Valais, lait, farine, citron, poivre, sel, muscade.

Débiter le chou-fleur nettoyé en petits bouquets. Le faire cuire dans de l'eau salée à laquelle est ajouté le jus d'un demi citron. Laisser bien égoutter et déposer dans un plat à gratin. Par ailleurs, préparer une sauce blanche avec du lait et de la farine. Epicer de poivre et de muscade. Incorporer 50 g de fromage râpé. Faire revenir à la poêle les carrelets de lard et le jambon, les répartir sur le chou-fleur. Napper le chou-fleur de la sauce, saupoudrer de fromage râpé et glisser au four. Faire gratiner.

2 Suppenlöffeln Essig und einem guten Deziliter Rotwein ablöschen. Den feingeschnittenen Apfel sowie eine Handvoll Reis zugeben. Mit Pfeffer und Salz würzen und zugedeckt ungefähr 50 Minuten weich kochen. Nach Bedarf etwas Wasser oder Bouillon nachgiessen. Unterdessen die Kastanien einschneiden, in kochendes Wasser geben, bis die Schale aufspringt. Möglichst warm schälen. In einer Pfanne 2 Esslöffel Zucker karamelisieren, Butter und Kastanien beigeben, mit etwas Wasser ablöschen und zugedeckt auf kleinem Feuer kochen lassen, bis die Kastanien schön weich sind. Das Rotkraut mit Kastanien garniert servieren.

Blumenkohl von Les Marécottes

1 Blumenkohl, Speck, Schinken, Walliser Käse, Milch, Mehl, Zitrone, Pfeffer, Salz, Muskatnuss.

Den gerüsteten Blumenkohl in Röschen zerteilen. In mit Zitronensaft angesäuertem Salzwasser weich kochen. Gut abtropfen lassen und in eine ausgebutterte Gratinform geben. Von Milch und Mehl eine weisse Sauce zubereiten. Mit Pfeffer und einer Prise Muskatnuss würzen. 50 g geriebenen Käse unter die Sauce mischen. In der Pfanne die Speck- und Schinkenwürfeli leicht anrösten und über den Blumenkohl verteilen. Die weisse Sauce über den Blumenkohl giessen, mit etwas geriebenem Käse bestreuen. In den Ofen schieben und überbacken.

La salade de dents-de-lion aux lardons et aux oeufs

Dents-de-lion, sel, poivre, moutarde, échalotes, vinaigre, huile, lard maigre, oeufs cuits durs.

Préparer une sauce à salade bien relevée avec le sel, poivre, moutarde, échalotes, vinaigre et huile. Laver soigneusement les dents-de-lion et bien les égoutter. Dans du lard maigre, détailler de petits lardons que vous rôtirez dans très peu de corps gras. Dès qu'ils ont pris couleur, mélangez-les, avec leur jus, à la sauce préparée. Ajouter la salade et remuer délicatement. Garnir avec des oeufs cuits 8 à 10 minutes et brasser à nouveau le tout avant de servir.

La polenta à la valaisanne

Lait, eau, semoule de maïs, beurre, fromage râpé.

Faire bouillir 2 l d'eau avec ½ l de lait et 100 g de beurre. Saler et poivrer. A ébullition, verser en pluie 500 g de semoule de maïs en fouettant vigoureusement. Une fois la masse épaissie, ajouter le fromage râpé à volonté et brasser avec une spatule en bois. Laisser mijoter pendant plus d'une heure en brassant régulièrement. La polenta doit devenir très ferme. Au moment de servir, retourner la casserole sur une planche recouverte d'une serviette en toile pour former une grosse tourte.

servir avec un bon morceau de fromage du pays.

Löwenzahnsalat mit Speckwürfeln und Eiern

Löwenzahn, Salz, Pfeffer, Senf, Schalotten, Essig, Öl, Magerspeck, hartgekochte Eier.

Eine pikante Salatsauce mit Salz, Pfeffer, Senf, Schalotten, Essig und Öl zubereiten. Den Löwenzahn sorgfältig waschen und gut abtropfen lassen. Die kleingeschnittenen Speckwürfel in etwas Öl andämpfen. Sobald sie Farbe annehmen, samt ihrem Saft unter die Salatsauce mischen. Den Löwenzahn leicht unter die Sauce ziehen. Mit hartgekochten Eiern (8 bis 10 Minuten) garnieren und kurz vor dem Servieren das Ganze umrühren.

Löwenzahn wird in den Frühlingswiesen gepflückt

Walliser Polenta

Milch, Wasser, Maisgriess, Butter, geriebener Käse.

2 l Wasser mit ½ l Milch und 100 g Butter aufkochen. Salzen, pfeffern. Wenn der Siedepunkt erreicht ist, 500 g Maisgriess unter fortwährendem Rühren einschütten. Weiterkochen lassen, bis die Masse dick ist; nach Belieben geriebenen Käse unterziehen und mit der Holzkelle vermischen. Während einer guten Stunde garen lassen; regelmässig rühren. Die Polenta muss sehr fest sein und sich vom Topf lösen. Stürzen und auf ein mit einer Leinenserviette bedecktes Holzbrett geben, um eine grosse Torte zu erhalten.

La polenta grillée

Lait, eau, semoule de maïs, beurre, fromage râpé, oignons, lardons.

Faire une polenta à la valaisanne. Une fois la tourte de polenta prête, la laisser refroidir et la débiter en tranches. Dans une poêle, faire griller au beurre les tranches de polenta, les ranger dans un plat à gratin en les faisant se chevaucher. Par ailleurs, faire revenir oignons hachés et lardons dans la poêle. Recouvrir de ce mélange les tranches de polenta. Saupoudrer de fromage râpé et glisser au four. Servir une fois bien doré.

Geröstete Polenta

Milch, Wasser, Maisgriess, Butter, geriebener Käse, Zwiebeln, Speckwürfeli.

Eine Walliser Polenta zubereiten. Wenn die Maistorte bereitsteht, erkalten lassen und in kleine Schnitten schneiden. In einer Pfanne die Maisschnitten in Butter rösten, ziegelartig in eine Auflaufform legen. Gehackte Zwiebeln und Speckwürfeli ebenfalls in der Pfanne andünsten, dann über die Maisschnitten geben. Mit geriebenem Käse bestreuen. In den Ofen schieben und überbacken. Heiss servieren.

la polenta découpée au fil et servie
accompagnée d'un bon ragoût de lapin

Le bowle aux fraises

500 g de fraises, 2 bouteilles 7/10 de Johannisberg, 3 dl de vin mousseux, 1 dl Cognac, 125 g de sucre.

Mettre les fraises dans un grand récipient de verre, les saupoudrer du sucre, les arroser du tiers du Johannisberg prévu. Laisser reposer deux bonnes heures au frais. Ajouter par la suite le reste du Johannisberg et le vin mousseux. On peut y adjoindre 1 dl de cognac.
Servir bien frais dans des coupes à l'aide d'une petite louche.

peut être fait avec toute sorte de fruits

Les fraises au vin

1 kg de fraises, ½ bouteille de vin du Valais, sucre, crème fraîche.

Laver les fraises, les équeuter. Couper les plus grosses en deux. Les mettre dans un saladier et les saupoudrer de sucre cristallisé. Ajouter 1 dl de vin pour 300 g de fraises. Mettre pendant deux bonnes heures au réfrigérateur et durant ce temps remuer ce mélange de temps à autre. Servir en coupes, en tenant à disposition des convives la crème battue en chantilly.
Vous aurez autant des desserts différents selon les vins que vous utiliserez. La Dôle forme un heureux

Erdbeerbowle

500 g Erdbeeren, 2 Flaschen Johannisberg, 3 dl Schaumwein, 1 dl Cognac, 125 g Zucker.

½ Flasche Johannisberg mit dem Zucker vermischen. Die entstielten Erdbeeren beifügen. Für 2 Stunden kühl stellen, dann den restlichen Johannisberg und den Schaumwein dazugiessen. Die Beigabe von ein wenig Cognac ist empfehlenswert.
Die Bowle wird in einem grossen Glasbehälter zubereitet und dann in Schalen serviert.

Erdbeeren an Wein

1 kg Erdbeeren, ½ Flasche Walliser Wein, Zucker, frischer Rahm.

Erdbeeren gut reinigen und Stiele entfernen. Die grossen Beeren halbieren. In eine Salatschüssel geben und mit Puderzucker überstreuen. Für je 300 g Erdbeeren 1 dl Wein beifügen. Zwei gute Stunden in den Kühlschrank stellen und von Zeit zu Zeit umrühren. In Schalen anrichten und je nach Belieben mit geschlagenem Rahm garnieren.
Je nach Auswahl der Weine können auf diese Weise verschiedene Desserts zubereitet werden. Der Dôle ist besonders geeignet, wenn

mariage à condition de sucrer les fruits assez abondamment. Dans les blancs, le Johannisberg convient mieux que le Fendant, il justifie lui aussi un sucrage assez abondant. Essayez, en ayant alors ménagé le sucre, de préparer ces fraises avec de la Malvoisie flétrie! Vous découvrirez une alliance merveilleuse, une harmonie d'une rare qualité, qui feront de ces fraises un dessert de grande classe.

La crème au vin doux

Vin blanc doux (Malvoisie, même flétrie), miel des Alpes, cannelle, zeste de citron, oeufs frais, crème fraîche, sucre.

Cuire le vin blanc, le miel, la cannelle et le zeste de citron. Par ailleurs, battre 12 oeufs avec un peu de crème. Verser le vin et le miel sur les oeufs battus. Bien remuer et passer. Caraméliser le sucre et le verser dans un moule. Compléter avec le premier mélange. Cuire au bain-marie à 180° pendant 20 à 25 minutes. Bien refroidir, puis démouler.

Cette recette utilise avec bonheur toute la chaleur du miel liquide du pays.

die Erdbeeren grosszügig gezuckert werden. Was die Weissweine anbelangt, so ist der Johannisberg dem Fendant vorzuziehen; auch hier soll mit dem Zucker nicht gespart werden. Zu versuchen wäre auch ein Malvoisie der Spätlese; hier muss allerdings mit dem Zucker sparsam umgegangen werden. Das Resultat ist eine einzigartige geschmackliche Harmonie, die diesem Dessert einen besonderen Glanz verleiht.

Süsswein-Creme

Süsser Weisswein (Malvoisie, evtl. Spätlese), Berghonig, Zimt, Zitronenschale, frische Eier, frischer Rahm, Zucker.

Den Weisswein, den Honig, den Zimt und die Zitronenschale kochen. 12 Eier mit etwas Rahm verquirlen. Wein und Honig über die verquirlten Eier giessen. Gut umrühren und passieren. Den Zukker karamelisieren und in die Form giessen. Mit der ersten Mischung vervollständigen. Im Wasserbad 20 bis 25 Minuten bei 180° kochen. Gut erkalten lassen, dann aus der Form nehmen.

Le sabayon à la Malvoisie

6 jaunes d'oeuf, 2,5 dl de Malvoisie, 250 g de sucre, zeste d'orange râpé.

Dans un sautoir au bain-marie, travailler fortement le sucre avec les jaunes d'oeuf, jusqu'à ce que la composition soit lisse. Ajouter alors la Malvoisie et fouetter jusqu'à l'obtention d'une mousse épaisse et bien prise. Ajouter également le zeste d'orange.
Verser dans des verres ou dans des coupes.

Sabayon à la Malvoisie

6 Eigelb, 2,5 dl Malvoisie, 250 g Zucker, geriebene Orangenschale.

Im Wasserbad Zucker und Eigelb zu einer glatten Masse verarbeiten. Malvoisie darüber giessen und mit dem Schneebesen rühren, bis eine dicke, schaumige Creme entsteht. Zum Schluss die geriebene Orangenschale darüber streuen.
In Gläsern oder Schalen anrichten.

Ebenfalls zu empfehlen: Sabayon an Johannisberg

Le sii

Pain de seigle valaisan bien rassis, 1 bouteille de Dôle, raisins secs, sirop de sureau, crème chantilly.

Mettre tremper le pain de seigle dans la Dôle pendant une ½ journée pour qu'il s'imprègne du vin. Pétrir alors à la main jusqu'à l'obtention d'une pâte, la plus lisse possible. Ajouter les raisins secs et sucrer cette masse au sirop de sureau.
Dans une casserole, faire chauffer sur feu doux, un peu de beurre. Y mettre une louche de la préparation, tourner dans le beurre et laisser chauffer légèrement. Répartir dans les coupes de service et garnir de crème chantilly légèrement sucrée.

Ce dessert d'origine savoisienne est un merveilleux mets rustique

Sii

Altbackenes Roggenbrot, 1 Flasche Dôle, Korinthen, Holundersirup, Schlagrahm.

Das Roggenbrot für einen halben Tag in den Dôle legen und aufweichen. Gut mit der Hand durchkneten, bis ein flüssiger, möglichst glatter Teig entsteht. Die Korinthen hinzugeben und mit Holundersirup süssen.
In einer Pfanne auf kleinem Feuer etwas Butter schmelzen lassen. Eine volle Suppenkelle Teig zugeben, umrühren und leicht erwärmen lassen. In Dessertschalen verteilen und mit leicht gezuckertem Schlagrahm garnieren.

La crème à la rhubarbe

Rhubarbe, sucre, oeufs battus en omelette, crème fouettée.

Laver, enlever les filaments et couper en petits dés la rhubarbe. Ajouter une partie du sucre et faire cuire à couvert, à feu moyen, jusqu'à ce que les fruits soient tendres. Retirer du feu. Par ailleurs, mélanger les oeufs battus en omelette avec le sucre et incorporer-les à la rhubarbe. Donner un bouillon, laisser refroidir. Incorporer alors la crème fouettée et le cas échéant, garnir d'un reste de crème fouettée.
Servir frais.

Rhabarbercreme

Rhabarber, Zucker, zu Omelette geschlagene Eier, Schlagrahm.

Rhabarber waschen, die Fasern entfernen, in kleine Stücke schneiden. Mit etwas Zucker überstreuen und zugedeckt bei mittlerem Feuer kochen, bis die Rhabarber weich sind. Vom Feuer nehmen. Die zur Omelette geschlagenen Eier mit dem Zucker vermischen und in die Rhabarber einziehen. Aufkochen, dann abkühlen lassen. Nun den geschlagenen Rahm beifügen und eventuell das Ganze mit einem Rest Schlagrahm garnieren.
Frisch servieren.

Les pommes au four Goldos

Pommes Golden ou Reinette, beurre, cidre ou Fendant, sucre, Goldos.

Vider les pommes sans les éplucher en les laissant entières. Avec la pointe d'un couteau, inciser un trait régulier tout autour. Ranger les pommes dans un plat à feu beurré. Remplir les trous des pommes de beurre et mouiller au cidre ou au Fendant au tiers de la hauteur des fruits. Saupoudrer chaque pomme de sucre. Passer le plat au four à 200° pendant 20 minutes environ. Contrôler la cuisson avec une aiguille; les pommes doivent être caramélisées. Porter ce plat bien chaud sur la table, verser un bon verre de Goldos et flamber.

Goldos-Äpfel im Ofen

Golden oder Canada-Reinetten, Butter, Apfelmost oder Fendant, Zucker, Goldos.

Die ungeschälten, gleichgrossen Äpfel waschen, trocken reiben, das Kerngehäuse ausstechen. Mit Butter füllen. Mit der Messerspitze rund um jeden Apfel eine regelmässige Linie einritzen. In eine gut ausgebutterte, feuerfeste Form geben. Mit Apfelmost oder Fendant bis zu einem Drittel der Höhe der Äpfel übergiessen. Jeden Apfel mit Zucker bestäuben. Im Backofen bei 200° während ca. 20 Minuten weich braten. Mit einer Nadel die Garzeit kontrollieren. Die Äpfel sollen schön goldbraun karamelisieren. Das Gericht heiss auf den Tisch bringen. Mit einem guten Glas Goldos flambieren.

le Goldos est une
eau-de-vie de cidre
de pommes Golden du Valais

Les röstis aux Gravenstein ou aux Golden

Pommes, beurre, raisins secs, Goldos, pain, sucre, cannelle, crème.

Eplucher les pommes et les couper en lamelles. Faire fondre du beurre et sauter les pommes comme un rösti aux pommes de terre. Y ajouter les raisins secs préalablement trempés dans du Goldos. Laisser bien dorer. Par ailleurs, préparer de petits dés de pain, les griller au beurre et aromatiser par un mélange de sucre et de cannelle. Au moment de servir, verser un filet de crème liquide sur les röstis et garnir du pain grillé.

Gravensteiner- oder Goldenrösti

Äpfel, Butter, Rosinen, Goldos, Brot, Zucker, Zimt, Rahm.

Die Äpfel schälen und in feine Lamellen schneiden. In der Butter wie eine Kartoffelrösti schmoren. Die im Goldos aufgeweichten Rosinen beifügen und weiter schmoren, bis die Rösti eine goldgelbe Farbe annimmt. Kleine Brotwürfelchen schneiden, in der Butter rösten. Mit einer Zucker-Zimt-Mischung aromatisieren. Beim Anrichten einen Schuss flüssigen Rahm auf die Rösti geben und mit dem gerösteten Brot garnieren.

Les poires au vin parfumées au cassis

Poires, Dôle, sucre, bâton de cannelle, beurre, purée de cassis.

Eplucher les poires en leur laissant la queue. Les placer, la queue en l'air, dans un sautoir assez petit pour qu'elles restent dans cette position. Ajouter un bon vin rouge, du sucre, 1 bâton de cannelle et quelques noix de beurre. Pocher au four en arrosant souvent. Cuire 45 minutes. Le vin doit alors être réduit des ¾. Retirer les poires et les mettre dans un saladier. Ajouter au vin une petite purée de cassis. Lier le fond avec un peu de beurre et verser sur les poires.

Servir tiède.

Peuvent se servir aussi sans adjonction de cassis

Birnen an Johannisbeerwein

Birnen, Dôle, Zucker, Zimtstengel, Butter, Johannisbeermarmelade.

Birnen schälen (Stiele daranlassen). In eine kleine Pfanne stellen, mit den Stielen nach oben gerichtet. Die Birnen sollen in dieser Position bleiben. Einen guten Rotwein darübergiessen. Zucker, 1 Zimtstengel und einige Butterflöckchen beifügen. Im Ofen unter öfterem Übergiessen pochieren. 45 Minuten kochen lassen. Der Wein soll auf ¼ reduziert sein. Die Birnen herausnehmen und in einer Salatschüssel anrichten. Dem Wein ein wenig Johannisbeermarmelade beigeben. Den Fond mit Butter binden und über die Birnen giessen.

Lauwarm servieren.

Les poires flambées

1 kg de poires, 2½ dl d'eau, 2 à 3 cuillerées à soupe de sucre, 1 morceau de zeste de citron, 8 morceaux de sucre, le jus d'un demi-citron, 1 verre d'eau-de-vie de poire William, 1 dl de jus de poires.

Peler les poires, les couper en deux, enlever les coeurs. Les blanchir dans un sirop préparé à l'avance avec l'eau, le sucre et le zeste de citron. Retirer les poires avant qu'elles ne deviennent trop tendres, les égoutter. Dans une poêle faire caraméliser légèrement le sucre imbibé de jus de citron, ajouter les poires et porter à ébullition pendant quelques instants. Arroser d'eau-de-vie de poires William et allumer. Eteindre les flammes avant que l'alcool soit entièrement consumé. Verser alors le jus des poires, donner un tour et servir dans des assiettes chaudes.

Flambierte Birnen

1 kg Birnen, 2½ dl Wasser, 2–3 Esslöffel Zucker, 8 Stück Würfelzukker, 1 Stück Zitronenschale, Saft einer halben Zitrone, 1 Glas Williamsbranntwein, 1 dl Birnensaft.

Die Birnen schälen, halbieren, vom Kernhaus befreien und in dem aus Wasser, Zucker und Zitronenschale gekochten Sirup nicht zu weich kochen; in einem Sieb abtropfen lassen. Kurz vor dem Auftragen den mit dem Zitronensaft beträufelten Zucker in der Flambierpfanne leicht hellgelb rösten, die Birnen dazugeben. Kurz anbraten, mit dem Williamsbranntwein ablöschen und anzünden. Das Feuer sollte vor dem völligen Ausbrennen gelöscht werden. Der Geschmack wird so verfeinert. Zum Schluss gibt man den Birnensaft dazu, lässt das Ganze aufkochen, richtet die Birnen auf vorgewärmten Tellern an und übergiesst jede Portion mit wenig kochender Sauce.

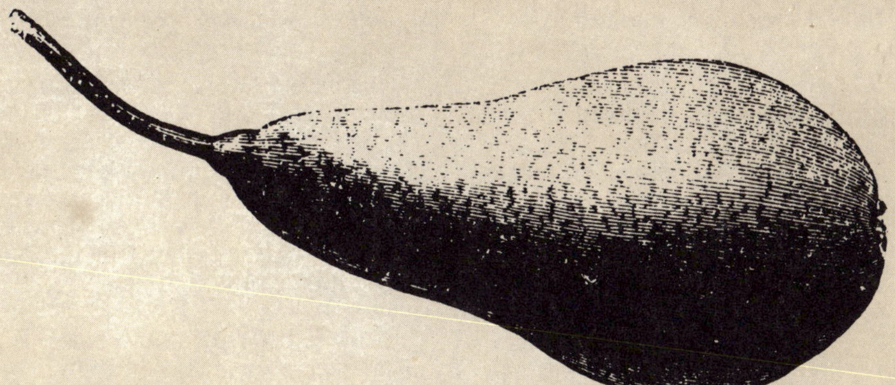

Les abricots flambés

Gros abricots charnus et pas trop mûrs, beurre, sucre, jus de citron, Abricotine.

Séparer les abricots en deux. Casser les noyaux pour en retirer les amandes. Peler les amandes, les passer rapidement à l'eau bouillante, les couper en petits bâtonnets allongés. Dans une poêle, mettre un bon morceau de beurre, quelques cuillerées de sucre cristallisé et mouiller d'un peu d'eau. Chauffer le tout jusqu'à l'obtention d'un jus sirupeux. Y ajouter en même quantité du jus de citron et de l'Abricotine. Dans ce mélange bouillant placer les abricots, la partie coupée vers le bas. Cuire 2 à 3 minutes puis retourner les abricots. Mettre les amandes aux creux des abricots, ajouter un bon verre d'Abricotine et flamber au moment de servir.

l'abricotine est une eau de vie d'abricots

Flambierte Aprikosen

Grosse, fruchtige, aber nicht zu reife Aprikosen, Butter, Zucker, Zitronensaft, Abricotine (Walliser Aprikosenbranntwein).

Die Aprikosen halbieren. Die Aprikosensteine zerknacken und die Mandeln herausnehmen, schälen und in kochendes Wasser tauchen und dann in kleine Stäbchen schneiden. Ein grosses Stück Butter und einige Löffel Zucker in einer Pfanne zergehen lassen und mit wenig Wasser übergiessen. Das Ganze kochen, bis man einen sirupartigen Saft erhält. Zu gleichen Teilen Zitronensaft und Abricotine beifügen. Die Aprikosenhälften in diese kochende Flüssigkeit legen, mit der Schnittseite nach unten. 2 bis 3 Minuten kochen, dann die Aprikosen umdrehen. Die Mandeln in die Aushöhlung der Aprikosen legen, ein gutes Glas Abricotine hinzufügen und im Moment des Servierens flambieren.

Le parfait aux abricots

400 g d'abricots, 50 g de sucre, 2 jaunes d'oeufs, 50 g de sucre en poudre, 2,5 dl de crème.

Cuire les abricots dénoyautés avec le sucre et 2 à 3 cuillerées à soupe d'eau. Passer au passe-vite, laisser refroidir. Battre en mousse jaunes d'oeufs et sucre en poudre, mélanger à la purée et à la crème fouettée battue ferme. Remplir le tiroir à glace réglé à la température la plus basse.

Au bout de 60 à 90 minutes, le parfait doit être ferme sans être dur.

Aprikosen-Parfait

400 g Aprikosen, 50 g Zucker, 2 Eigelb, 50 g Puderzucker, 2 dl Rahm.

Die halbierten Aprikosen mit Zukker und wenig Wasser weich kochen, durch ein Sieb drücken und abkühlen. Eigelb und Puderzucker schaumig rühren, die Aprikosenmasse mit dem steifgeschlagenen Rahm untermischen, in die Eisschublade füllen und ins Tiefkühlfach stellen.

Nach 60 bis 90 Minuten soll das Parfait fest, aber nicht hart sein.

La mousse aux abricots

Abricots, sucre, oeufs, Abricotine, eau-de-vie d'abricots du Valais, crème fraîche.

Cuire les abricots coupés en deux avec l'eau et 1 cuillerée à soupe de sucre. Passer au passe-vite. Laisser refroidir. Par ailleurs, battre au fouet 3 jaunes d'oeufs et le sucre dans un récipient placé au bain-marie. Verser la purée d'abricots et fouetter. Ajouter l'Abricotine et mettre au frigo.
Incorporer de la crème Chantilly au moment de servir.

Aprikosenschaumcreme

Aprikosen, Zucker, Eier, Abricotine (Walliser Aprikosenbranntwein), frischer Rahm.

Die Aprikosen halbieren, schnetzeln, mit Wasser und 1 Esslöffel Zucker weich kochen, durch ein Sieb passieren und abkühlen lassen. Eier und Zucker schaumig schlagen. Die Aprikosenmasse zugeben und im Wasserbad unter ständigem Rühren mit dem Schwingbesen dick und schaumig schlagen. Abricotine zugeben und in den Kühlschrank stellen.
Vor dem Servieren steifgeschlagenen Rahm untermischen.

ce dessert doit être servi vraiment très frais

Le flan aux abricots du Valais

Abricots du Valais, sucre en poudre, oeufs, lait, Abricotine, sucre.

Séparer les abricots en deux, retirer les noyaux. Dans un plat à soufflé beurré, ranger une couche d'abricots. Placer la face bombée vers le bas. Saupoudrer de sucre en poudre. Ranger une deuxième couche d'abricots, saupoudrer de sucre en poudre et ainsi de suite jusqu'au sommet du plat. Par ailleurs, battre 3 gros oeufs avec 1 petit verre d'Abricotine. Sans cesser de battre incorporer le lait préalablement chauffé et sucré. Couler cet ensemble sur les demi-abricots en remplissant tous les vides. Cuire 30 à 40 minutes au four à feu très doux jusqu'à ce que toute la masse soit prise.
Laisser refroidir puis démouler.

Walliser Aprikosenflan

Walliser Aprikosen, Puderzucker, Eier, Milch, Abricotine (Aprikosenbranntwein), Zucker.

Die Aprikosen halbieren; Steine entfernen. In eine gut ausgebutterte Auflaufform eine Lage Aprikosen legen, mit der Wölbung nach unten. Mit Puderzucker bestreuen. Eine zweite Lage Aprikosen darüber legen und wiederum mit dem Puderzucker versehen. Diesen Vorgang wiederholen, bis die Auflaufform voll ist. 3 grosse Eier schlagen unter Beifügen von 1 Glas Abricotine. Unter ständigem Rühren die vorher erwärmte Milch und den Zucker einziehen. Diese Masse auf die Aprikosenhälften giessen und die Höhlungen füllen. Im Ofen bei niedriger Temperatur 30 bis 40 Minuten kochen, bis die ganze Masse schön überbacken ist.
Erkalten lassen und aus der Form nehmen.

Le gratin d'abricots au miel

2 dl de vin blanc (Fendant), ½ sachet de sucre vanilliné, miel des Alpes, 50 g de sucre, 500 g d'abricots, 3 jaunes d'oeuf, Abricotine, 3 blancs d'oeuf.

Porter à ébullition dans une casserole large le Fendant, le sucre vanilliné, le miel des Alpes et le sucre. Faire cuire dans ce sirop les abricots et les ranger dans un plat à gratin. Faire réduire le sirop pour en obtenir une petite quantité bien épaisser. Laisser refroidir. Par ailleurs, mélanger 3 jaunes d'oeuf au sirop épaissi et l'Abricotine. Travailler en

Honig-Aprikosenauflauf

2 dl Weisswein (Fendant), 8 g Vanillezucker, Alpenhonig, 50 g Zucker, 500 g Aprikosen, 3 Eidotter, Abricotine (Aprikosen-Branntwein), 3 Eiweiss.

In einer Pfanne Fendant, Vanillezucker, Honig und Zucker zum Sieden bringen. Aprikosen darin aufkochen und in eine Gratinform legen. Den Sirup zu einer dicken Masse einkochen. Erkalten lassen. Eidotter mit dem Sirup und Abricotine vermischen. In einem lauwarmen Wasserbad schaumig rühren, bis die Masse schön eingekocht ist.

mousse dans un bain-marie tiède jusqu'à ce que l'appareil épaississe. Retirer du bain-marie. D'autre part, battre en neige ferme, 3 blancs d'oeuf et leur incorporer, toujours en fouettant, un peu de sucre. Incorporer à l'appareil et verser sur les abricots. Faire gratiner 20 à 25 minutes au milieu du four chauffé à 200°. Servir sans attendre.

Aus dem Wasserbad nehmen. Eiweiss zu einem steifen Schnee schlagen und unter ständigem Schlagen etwas Zucker einziehen. Der Schaummasse beifügen und auf die Aprikosen geben. 20 bis 25 Minuten bei 200° im Ofen überbacken. Sofort servieren.

Heiss servieren mit einer Eiskugel.

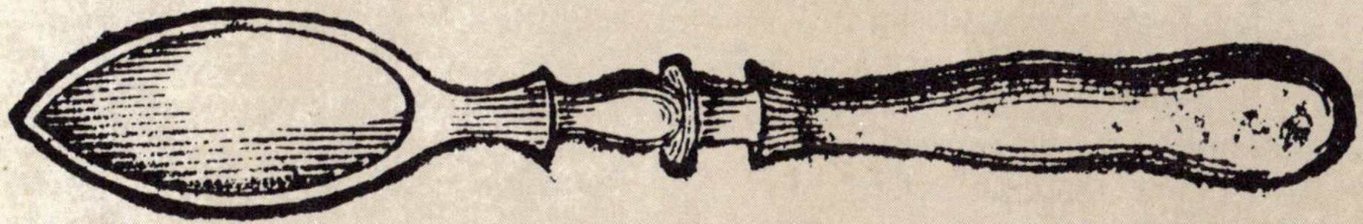

Le gratin de petits fruits

Dôle, fraises, mûres, framboises, myrtilles, Kirsch, oeufs, sucre en poudre.

Faire une génoise et en couvrir le fond d'un plat à gratin. Par ailleurs, faire réduire un bon vin rouge du Valais avec une poignée de sucre. Lorsqu'il est assez réduit, il doit être un peu onctueux. Dans ce vin, faire chauffer des petits fruits, parfumer avec quelques gouttes de Kirsch. Ne pas laisser cuire les fruits, ceux-ci doivent être à peine tièdes. Verser ces fruits dans le plat à gratin où repose la génoise. Couvrir les petits fruits d'une couche de 2 cm d'épaisseur de blancs d'oeufs que vous aurez auparavant battus en neige en leur ajoutant du sucre en poudre. Passer au four très chaud, juste le temps de dorer et de cuire le meringage.

peut être servi avec une boule de glace vanille.

Beerenauflauf

Dôle, Erdbeeren, Brombeeren, Himbeeren, Kirsch, Eier, Puderzucker.

Mit Mehl, Zucker, Eiern und Butter einen Teig »Genoise« backen und eine Gratinform damit auslegen. Einen guten Walliser Rotwein mit einer Handvoll Zucker einkochen, bis er zu einer ziemlich dicken Flüssigkeit wird. In diesem Wein die kleinen Beeren erwärmen und mit einigen Tropfen Kirsch parfümieren. Die Beeren nicht kochen; sie sollen lauwarm sein. Nun die Beeren auf den in der Gratinform ausgelegten Teig geben. Einweiss zu steifem Schnee schlagen, Puderzucker unter ständigem Schlagen hinzufügen, so dass eine weisse, sahnige Masse entsteht. Über die Beeren giessen (eine ca. 2 cm dicke Schicht). Kurz in den heissen Ofen schieben und diese Meringuemasse überbacken.

Le soufflé aux amandes et aux fraises

Amandes moulues, fraises, beurre, sucre, fécule, lait, gousse de vanille fendue dans la longueur, amandes mondées, grossièrement hachées, jaunes d'oeuf, blancs d'oeuf, poudre à lever.

Avec un peu de beurre, graisser le fond de petits moules à soufflé. Saupoudrer ces fonds avec les amandes moulues. Répartir dans les moules les fraises coupées en fines lamelles. Ajouter le sucre. Par ailleurs, chauffer dans une casserole le beurre et un peu de fécule. Faire revenir le tout un instant. Verser en une fois le lait, porter à ébullition en fouettant constamment et réduire le feu. Ajouter alors le sucre et la gousse de vanille fendue dans la longueur et laisser cuire doucement 1 à 2 minutes, puis tiédir. Retirer la vanille. Faire dorer au four les amandes mondées et les incorporer à l'appareil, de même que les jaunes d'oeuf. D'autre part, battre en neige ferme les blancs d'oeuf auxquels il faudra incorporer une pincée de poudre à lever. Verser ensuite très délicatement sur l'appareil et mélanger avec précaution. Répartir cette masse dans les petits moules à soufflé et glisser immédiatement au four.
Cuire 25 à 30 minutes au niveau de la rainure inférieure du four préalablement chauffé à 180°. Servir sans attendre.

Mandel- und Erdbeer-Auflauf

Gemahlene Mandeln, Erdbeeren, Butter, Zucker, Stärkemehl, Milch, 1 der Länge nach aufgeschnittener Vanillestengel, geschälte Mandeln, grob gehackt, Eidotter, Eiweiss, Backpulver.

Kleine Auflaufförmchen ausbuttern. Mit den gemahlenen Mandeln bestreuen. In feine Lamellen geschnittene Erdbeeren in die Förmchen verteilen, mit Zucker überstäuben. In einer Pfanne mit etwas Butter und Stärkemehl eine helle Schwitze zubereiten. Mit Milch ablöschen und unter ständigem Umrühren zum Kochen bringen; das Feuer reduzieren. Zucker und Vanillestengel beifügen und 1 bis 2 Minuten bei schwachem Feuer mitkochen. Erkalten lassen. Den Vanillestengel herausnehmen. Die geschälten Mandeln im Ofen rösten und in die Masse geben, ebenso die Eidotter. Eiweiss und eine Prise Backpulver zu einem steifen Schnee schlagen. Locker unter die Sauce ziehen und sorgfältig vermischen. Die Sauce in die kleinen Auflaufförmchen verteilen. In den Ofen schieben.
25 bis 30 Minuten auf der unteren Rille im vorgeheizten Ofen bei 180° überbacken. Sofort servieren.

Le pavé aux châtaignes

600 g de châtaignes, 1 dl de lait, 3 dl de crème, 100 g de beurre, 200 g de chocolat noir, 150 g de sucre, 25 g de sucre vanillé, Kirsch.

Fendre les châtaignes du côté bombé et les blanchir pendant 5 minutes à l'eau bouillante. Les éplucher pendant qu'elles sont chaudes. Les cuire ensuite pendant 15 minutes environ. Les égoutter et les passer à la moulinette pour obtenir une masse très fine. Ajouter 1 dl de crème et 1 dl de lait mélangés et chauds. Faire fondre le chocolat en y ajoutant 2 cuillerées d'eau. En prélever la moitié et y incorporer au tamis les deux sortes de sucre. Travailler à la spatule jusqu'à l'obtention d'une crème bien lisse. Ajouter cette préparation à la purée de châtaigne en y incorporant 1 petit verre de Kirsch et le beurre fondu. Brasser jusqu'à une homogénéité complète. Par ailleurs, tapisser un moule à cake de papier d'alu. Chemiser ce moule avec la moitié du chocolat restant. Mettre ce moule au frigo afin de durcir le chocolat. Y mettre ensuite la masse aux châtaignes en tassant bien. Laisser refroidir une nuit au frigo, puis démouler sur un plat. Décoller le papier d'alu et garnir avec de la crème chantilly.

Kastaniensteine

600 g Kastanien, 1 dl Milch, 3 dl Rahm, 100 g Butter, 200 g dunkle Schokolade, 150 g Zucker, 25 g Vanillezucker, Kirschgeist.

Die Kastanien auf der gewölbten Seite einritzen und 5 Minuten in kochendem Wasser blanchieren. Schälen, während sie noch warm sind. Dann ca. 15 Minuten kochen lassen. Abtropfen und passieren, um einen feinen Brei zu erhalten. 1 dl Rahm und 1 dl Milch miteinander vermischen, aufwärmen und auf den Brei giessen.

Die Schokolade in 2 Löffeln Wasser zerschmelzen lassen. In zwei Hälften teilen. Die zwei Zuckerarten durch ein Sieb passieren und in die eine Hälfte der Schokoladenmasse geben. Mit der Holzkelle bearbeiten, bis die Masse schön glatt ist. Das Kastanienpüree beifügen und 1 kleines Glas Kirschgeist sowie die geschmolzene Butter unterziehen. Umrühren, bis die Mischung homogen ist.

Eine Kuchenbackform mit Alufolie bedecken und mit der zweiten Hälfte der flüssigen Schokolade begiessen. In den Frigo stellen, damit die Schokolade hart wird. Nachher mit dem Kastanienbrei auffüllen. Eine Nacht im Frigo erkalten lassen, dann auf einer Platte anrichten. Alupapier entfernen und mit Schlagrahm garnieren.

Les pommes en cage

400 g de pâte feuilletée, 8 pommes moyennes, 1 cuillerée à soupe de sucre, jaune d'oeuf pour dorer, 100 g d'amandes, 1 jus de citron, 2 cuillerées à soupe de sucre, beurre.

Peler et vider les pommes. Mélanger les amandes râpées, le jus de citron et le sucre en une masse homogène. Préchauffer le four. Abaisser la pâte. La découper en 8 carrés de 15 cm de côté. Remplir les pommes de farce et déposer un flocon de beurre dessus. Les poser sur les carrés de pâte et saupoudrer de sucre. Mouiller légèrement les bords de la pâte et rabattre les angles sur les pommes. Bien coller les bords. Découper un petit rond de pâte et le coller en guise de couvercle. Dorer au jaune d'oeuf en évitant la tranche de la pâte pour lui permettre de feuilleter. Cuire à four assez chaud, 20 à 25 minutes.

La tarte aux poires

500 g de pâte brisée, 1 kg de poires, 3 oeufs, 2 à 3 cuillerées de sucre, une pointe de cannelle, 3 à 4 cuillerées de crème fraîche.

Abaisser la pâte et en foncer la plaque préalablement graissée et saupoudrée de farine. Peler les poires et les partager. Enlever les coeurs et les couper en quartiers que l'on range sur la pâte. Glisser la tarte au four et laisser cuire 10 à 15 minutes jusqu'à ce que la pâte se détache des bords de la plaque. Par ailleurs battre les oeufs avec le sucre, la cannelle et la crème. Arroser la tarte de cette crème épaisse et continuer la cuisson pendant 15 minutes environ. Faire refroidir avant de servir.

Äpfel im Schlafrock

400 g Blätterteig, 8 kleinere Äpfel, 1 Löffel Zucker, Eigelb zum Bestreichen, 100 g Mandeln, 1 Zitrone (Saft), 2 Löffel Zucker, Butter.

Äpfel schälen und aushöhlen. Aus geriebenen Mandeln, Zitronensaft und Zucker eine Masse herstellen. Ofen vorwärmen. Blätterteig auswallen, 8 quadratische Stücke (ca. 15 cm) schneiden. Äpfel füllen, zuoberst ein Stück Butter geben, auf ein Teigstück setzen und mit Zucker bestreuen. Die vier Ecken des Teigstückes leicht anfeuchten und über dem Apfel zusammenkleben. Ein rundes Teigstück kann als Deckel dienen. Mit Eigelb bestreichen (nicht über die Schnittkanten, sonst wird der Teig nicht blättrig). Bei guter Mittelhitze 15 bis 20 Minuten backen.

Birnentorte

500 g Kuchenteig, 1 kg Birnen, 3 Eier, 2–3 Löffel Zucker, 1 Prise Zimt, 3–4 Löffel frischer Rahm.

Den Teig auswallen und eine eingefettete Springform damit auskleiden. Birnen schälen und halbieren. Das Kerngehäuse entfernen und in Viertel schneiden. Die Torte mit den Birnen belegen. In den Ofen schieben und 10 bis 15 Minuten bakken, bis der Teig sich von der Springform löst. Die Eier mit dem Zucker, dem Zimt und dem Rahm schaumig rühren. Die Creme in die Torte einfüllen und erneut für ca. 15 Minuten überbacken. Vor dem Servieren erkalten lassen.

kann mit Mandelsplittern überstreut werden

Le gâteau au vin

Pâte brisée, 1 cuillerée à soupe de farine, 3 cuillerées à soupe de sucre cristallisé, 3 dl de Fendant.

Abaisser 300 g de pâte brisée, en foncer une plaque à gâteau. Par ailleurs, mélanger dans un plat, la farine, le sucre cristallisé. Brasser cet ensemble et le mouiller de 3 dl de Fendant. Verser ce mélange liquide sur l'abaisse de pâte et enfourner immédiatement. Préchauffer le four à chaleur inférieure de façon à ce que la pâte cuise et que la surface se caramélise légèrement sans sécher.

Le gâteau au Johannisberg

300 g de pâte brisée, farine, sucre, cannelle, 1,5 dl de Johannisberg, 1 dl de crème, 2 oeufs.

Etendre la pâte et l'étaler sur une plaque préalablement beurrée et enfarinée. Mélanger dans une terrine, la farine, le sucre et la cannelle et répandre sur la pâte. Mélanger le vin, la crème et les oeufs. Verser cette masse sur la pâte. Mettre au four et laisser cuire durant une demi-heure.
Des raisins secs préalablement trempés dans du Johannisberg peuvent être ajoutés à cette préparation.

Weinkuchen

300 g Kuchenteig, 1 Esslöffel Mehl, 3 Esslöffel Zucker, 3 dl Fendant.

Den Kuchenteig auswallen und auf das Kuchenblech legen. In einer Schüssel das Mehl und den Zucker mischen. Rühren und mit dem Fendant verdünnen. Diese Masse auf den ausgewallten Kuchenteig geben und sofort im Ofen backen. Die Temperatur regeln, so dass die Masse weich bleibt.

Johannisberg oder einer der sehr aromatischen Muskatweine kann ebenfalls empfohlen werden

Johannisbergkuchen

300 g Kuchenteig, Mehl, Zucker, Zimt, 1,5 dl Johannisberg, 1 dl Rahm, 2 Eier.

Den Kuchenteig auswallen und auf ein gebuttertes, mit Mehl bestäubtes Kuchenblech legen. In einer Terrine Mehl, Zucker und Zimt vermischen und auf dem Teig verteilen. Wein, Rahm und Eier mischen und über den Teig giessen. 30 Minuten im vorgeheizten Ofen backen.
In Johannisberg aufgeweichte Sultaninen können diesem Kuchen nach Belieben beigefügt werden.

Notes et autres recettes:
Notizen und weitere Rezepte:

Notes et autres recettes:
Notizen und weitere Rezepte:

Index

La découverte d'un mets nouveau
fait plus pour le bonheur du genre humain
que la découverte d'une étoile.

(Brillat-Savarin)

Inhalt

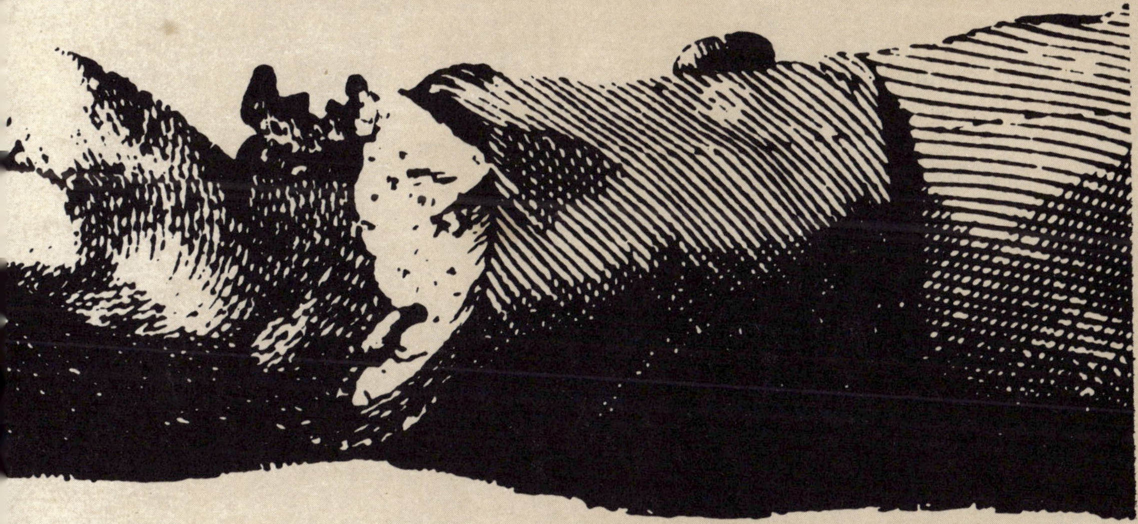

Table des matières

Crèmes, soupes et potées

Inhalts-verzeichnis

Cremes, Suppen und Eintopfgerichte

Tartes, soufflés et gratins

Croûtes, crêpes et beignets

Fondues

Kuchen, Soufflés und Gratins

Überbackenes, Crèpes und Beignets

Fondues

Poissons et viandes

Fisch- und Fleischgerichte

Légumes

Desserts aux vins et aux fruits

Gemüse

Früchte- und Weindesserts

Reproductions pages 24/25, 50/51, 86/87, tirées de l'ouvrage de James COKBURN „Views to illustrate the route of Simplon". Londres, 1822.

Les vues sont dessinées par Cokburn et lithographiées par James Harding.

Collections de la Bibliothèque cantonale du Valais, 1950 Sion.

Die Abbildungen auf den Seiten 24/25, 50/51 und 86/87 sind dem Buch entnommen: James COKBURN „Views to illustrate the route of Simplon". London, 1822.

Die Ansichten wurden von Cokburn gezeichnet und von James Harding lithographiert.

Sammlung der Bibliothèke cantonale du Valais, 1950 Sion.

Si vous êtes intéressé à d'autres livres parus dans notre maison, écrivez-nous ou demandez à votre libraire. Après la lecture de ce livre, vous avez certainement envie de faire la connaissance de nos autres titres que vous pouvez acquérir un tablier qui est fait de la même présent pourvu qu'ils fassent partie – comme ceci – de la série «régions».

Wenn Sie sich für weitere Bücher aus unserem Verlag interessieren, schreiben Sie uns oder fragen Sie Ihren Buchhändler. Nachdem Sie dieses Buch kennengelernt haben, werden Ihnen sicher auch unsere anderen Titel zusagen, wobei Sie diejenigen, die wie das vorliegende Buch auch zur Landschaftsserie gehören, alle zu dem gleichen Preis erwerben können.

In unserem Verlag sind erschienen:
Les titres suivants sont parus également dans notre maison:

Das Brotbackbuch
Das Kochbuch aus Hamburg
Das Kochbuch aus Hessen
Das Kochbuch vom Oberrhein
Das Kochbuch aus Berlin
Das Kochbuch aus der Eifel
Das Kochbuch aus dem Harz
Das Kochbuch aus Franken
Das Kochbuch aus Bremen
Das Kochbuch aus dem Schwarzwald
Das Kochbuch von der Mosel
Das Kochbuch von Sylt
Das Kochbuch aus München und Oberbayern
Das Kochbuch aus dem Münsterland
Das Kochbuch aus Westfalen
Das Kochbuch aus Thüringen, Sachsen und Schlesien
Das Kochbuch aus Mecklenburg, Pommern und Ostpreußen
Das Kochbuch aus Schleswig-Holstein
Das Kochbuch aus Schwaben
Das Kochbuch aus Niedersachsen
Das Kochbuch aus dem Saarland
Das Kochbuch aus dem Ruhrgebiet
Das Kochbuch aus Ostfriesland
Das Kochbuch aus der Lüneburger Heide
Das Kochbuch vom Niederrhein
Das Kochbuch aus Baden
Das Kochbuch aus dem Bergischen Land

Das Kochbuch aus Tirol
Das Kochbuch aus Kärnten
Das Kochbuch aus Wien
Das Kochbuch aus Salzburg
Das Kochbuch aus Oberösterreich
Das Kochbuch aus Niederösterreich
Das Kochbuch aus Vorarlberg
Das Kochbuch aus dem Burgenland
Das Kochbuch aus der Steiermark

Das Kochbuch aus dem Bernbiet
Das Kochbuch aus Basel
Das Kochbuch aus dem Tessin (ital./deutsch)
Das Kochbuch aus der Innerschweiz
Das Kochbuch aus Graubünden
Das Kochbuch aus der Westschweiz (franz./deutsch)
Das Kochbuch aus der Ostschweiz
Das Kochbuch aus Zürich

Das Kochbuch aus der Schweiz
Das Kochbuch aus Italien – Ligurische Spezialitäten (ital./deutsch)

Cooking in Switzerland
Cookbook from Tyrol
Cookbook from Munich and Bavaria
Cookbook from Berlin
Cookbook from Vienna